Easy 시리즈 24

KB144678

쉽게 배워 폼나게 활용하는

엑셀 2021

Excel 2021

IT연구회

해당 분야의 IT 전문 컴퓨터학원과 전문가 선생님들이 최선의 책을 출간하고자 만든 집필/감수 전문연구회로서, 수년간의 강의 경험과 노하우를 수험생 여러분에게 전달하고자 최선을 다하고 있습니다.

IT연구회에 참여를 원하시는 선생님이나 교육기관은 ccd770@hanmail.net으로 언제든지 연락주십시오. 좋은 교재를 만들기 위해 많은 선생님들의 참여를 부탁드립니다.

권경철_IT 전문강사
김수현_IT 전문강사
김현숙_IT 전문강사
류은순_IT 전문강사
박봉기_IT 전문강사
문현철_IT 전문강사
송기웅_IT 및 SW전문강사
신영진_신영진컴퓨터학원장
이은미_IT 및 SW전문강사
장명희_IT 전문강사
전미정_IT 전문강사
조정례_IT 전문강사
최은영_IT 전문강사
김미애_강릉컴퓨터교육학원장
엄영숙_권선구청 IT 전문강사
조은숙_동안여성회관 IT 전문강사

김경화_IT 전문강사
김 숙_IT 전문강사
남궁명주_IT 전문강사
민지희_IT 전문강사
박상휘_IT 전문강사
백천식_IT 전문강사
송희원_IT 전문강사
윤정아_IT 전문강사
이천직_IT 전문강사
장은경_ITQ 전문강사
조영식_IT 전문강사
차영란_IT 전문강사
황선애_IT 전문강사
은일신_충주열린학교 IT 전문강사
옥향미_인천여성의광장 IT 전문강사
최윤석_용인직업전문교육원장

김선숙_IT 전문강사
김시령_IT 전문강사
노란주_IT 전문강사
문경순_IT 전문강사
박은주_IT 전문강사
변진숙_IT 전문강사
신동수_IT 전문강사
이강용_IT 전문강사
임선자_IT 전문강사
장은주_IT 전문강사
조완희_IT 전문강사
최갑인_IT 전문강사
김건석_교육공학박사
양은숙_경남도립남해대학 IT 전문강사
이은직_인천대학교 IT 전문강사
홍효미_다산직업전문학교

BM (주)도서출판 **성안당**

Easy 시리즈 24 쉽게 배워 돋아게 활용하는

엑셀 *2021*
Excel 2021

2024. 3. 20. 초 판 1쇄 인쇄
2024. 3. 27. 초 판 1쇄 발행

지은이 │ 박윤정
펴낸이 │ 이종춘
펴낸곳 │ BM ㈜도서출판 **성안당**
주소 │ 04032 서울시 마포구 양화로 127 첨단빌딩 3층(출판기획 R&D 센터)
│ 10881 경기도 파주시 문발로 112 파주 출판 문화도시(제작 및 물류)
전화 │ 02) 3142-0036
│ 031) 950-6300
팩스 │ 031) 955-0510
등록 │ 1973. 2. 1. 제406-2005-000046호
출판사 홈페이지 │ www.cyber.co.kr
내용 문의 │ fivejung05@hanmail.net
ISBN │ 978-89-315-5951-4 (13000)
정가 │ 18,000원

이 책을 만든 사람들
책임 │ 최옥현
진행 │ 최창동
본문 디자인 │ 인투
표지 디자인 │ 박원석
홍보 │ 김계향, 유미나, 정단비, 김주승
국제부 │ 이선민, 조혜란
마케팅 │ 구본철, 차정욱, 오영일, 나진호, 강호묵
마케팅 지원 │ 장상범
제작 │ 김유석

■ 도서 A/S 안내

성안당에서 발행하는 모든 도서는 저자와 출판사, 그리고 독자가 함께 만들어 나갑니다.
좋은 책을 펴내기 위해 많은 노력을 기울이고 있습니다. 혹시라도 내용상의 오류나 오탈자 등이
발견되면 **"좋은 책은 나라의 보배"**로서 우리 모두가 함께 만들어 간다는 마음으로 연락주시기
바랍니다. 수정 보완하여 더 나은 책이 되도록 최선을 다하겠습니다.
성안당은 늘 독자 여러분들의 소중한 의견을 기다리고 있습니다. 좋은 의견을 보내주시는 분께는
성안당 쇼핑몰의 포인트(3,000포인트)를 적립해 드립니다.

잘못 만들어진 책이나 부록 등이 파손된 경우에는 교환해 드립니다.

쉽게 배워 폼나게 활용하는(Easy) 시리즈는 컴퓨터 초보자를 위한 도서로서, 일선에서 활동하고 계시는 여러 선생님들이 집필에 직접 참여하시거나 제작 과정에 참여하시어 보다 좋은 내용의 교재로 출간되었습니다. 가장 쉽게 효율적으로 학습할 수 있도록 내용을 충실히 수록하였으며, 큰 글씨와 큰 그림으로 학습하시는 데 전혀 불편함이 없도록 구성하였습니다.

쉽게 배워 폼나게 활용하는 시리즈는 다음과 같은 특징을 가지고 있습니다.

첫째, 전국컴퓨터교육협의회 공식 추천도서

전국의 IT 교육을 책임지는 컴퓨터학원 모임인 전국컴퓨터교육협의회에서 도서의 내용과 구성 등에 참여하였고, 전국의 많은 컴퓨터학원에서 본 도서를 기본 교재로 채택하여 강의하고 있습니다.

둘째, 실용적인 예제

실생활에서 활용할 수 있는 기능들을 따라하기 해설로 자세하게 설명하였습니다. 또한, 가독성을 높이기 위해 최대한 큰 글씨와 큰 그림으로 편집되었기에 학습에 전혀 불편함이 없습니다.

셋째, 혼자 풀어보기

본문에서 설명한 기능들을 유사한 연습문제를 통해 반복 학습할 수 있게 하여 기능을 쉽게 배울 수 있도록 하였습니다.

넷째, ChatGPT 활용하기

대화형 인공지능 서비스인 ChatGPT를 이용하여 엑셀의 기능을 좀 더 쉽게 활용하는 방법을 학습해 봅니다.

다섯째, 무료 동영상 강의 및 예제/완성 파일

본문의 전체적인 내용을 저자가 직접 동영상으로 강의하여 책 속의 내용을 쉽게 배울 수 있도록 하였습니다. 또한 예제/완성 파일을 제공하여 책 속의 내용을 함께 따라하면서 배울 수 있도록 하였습니다. 무료 동영상 강의와 예제/완성 파일은 성안당 홈페이지(www.cyber.co.kr)의 [자료실]−[자료실]에서 다운로드하여 학습할 수 있으며, 스마트폰으로도 학습할 수 있습니다.

Easy 시리즈의 예제/완성 파일과 무료 동영상 강의 파일은 성안당 도서몰 사이트(https://www.cyber.co.kr/book/)에서 다운로드합니다.

① 'https://www.cyber.co.kr/book/'에 접속하여 로그인(아이디/비밀번호 입력)한 후 [자료실]을 클릭합니다.

② 「easy」를 입력하고 검색한 후 도서 제목((easy 24) 쉽게 배워 폼나게 활용하는 엑셀 2021)을 클릭합니다.

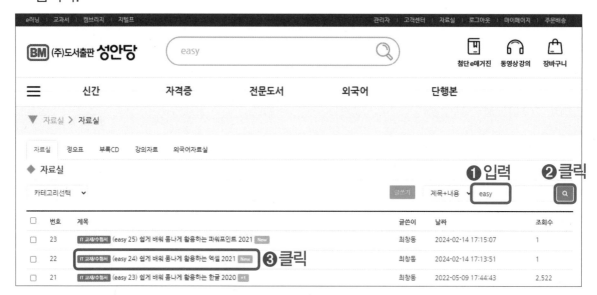

③ 「315-5951」 압축 파일을 클릭하여 다운로드합니다. 로그인을 하지 않으면 해당 파일이 보이지 않습니다.

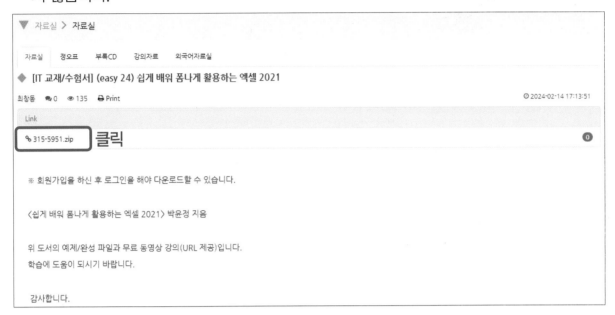

④ 다운로드한 압축 파일은 [다운로드]에서 확인합니다. 다운로드한 파일을 바탕화면이나 임의의 경로로 이동한 후 마우스 오른쪽 버튼을 클릭하여 [압축 풀기] 메뉴로 압축을 해제합니다. 압축을 해제하면 [1장]~[10장] 폴더에는 학습에 필요한 예제 파일과 완성 파일이 있으며, [동영상강의] 폴더에는 유튜브 URL을 제공하여 1장~10장 본문의 학습 내용을 저자 직강 동영상 강의로 학습할 수 있습니다.

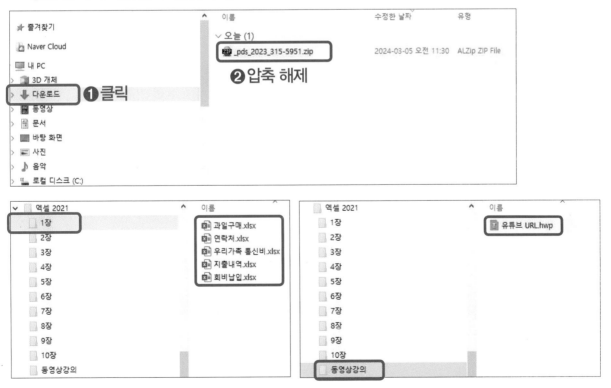

※ 각 장의 완성 파일 미리보기에 있는 QR코드를 이용하면 스마트폰으로도 저자 직강 동영상 강의를 학습할 수 있습니다.

CONTENTS

목차 contents

[자료 다운로드]

성안당 홈페이지(www.cyber.co.kr)-[자료실]
 - 무료 동영상 강의
 - 예제/완성 파일

엑셀 2021 시작하기

많은 양의 데이터와 수치를 계산하고 관리하는 프로그램을 '스프레드시트 (Spreadsheet)'라고 하며 '엑셀(Excel)'이 가장 대표적인 프로그램입니다. 이번 장에서는 엑셀 2021을 실행하여 화면 구성을 살펴보고, 간단한 데이터를 입력하고 저장하는 방법에 대하여 알아봅니다.

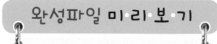

◉ 완성 파일 : 우리가족 통신비.xlsx

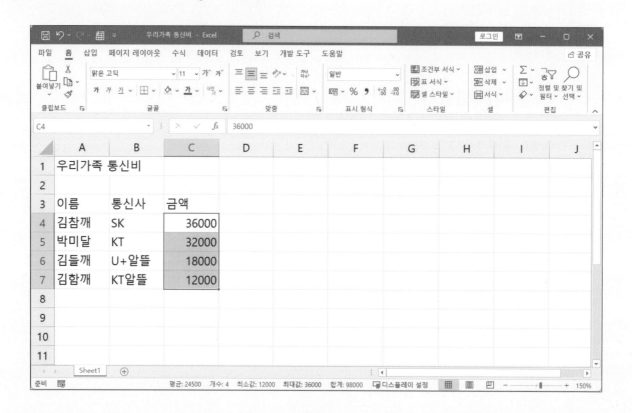

체크포인트

실습1   엑셀 2021을 시작하여 엑셀의 기본 화면 구성을 살펴보고 엑셀 2021을 종료합니다.

실습2   수치 데이터를 입력하여 상태 표시줄을 통해 합계, 평균, 개수, 최대값, 최소값을 확인해 봅니다.

실습3   엑셀에 간단한 내용을 작성하고 저장하는 방법과 파일을 불러오는 방법에 대하여 알아봅니다.

엑셀 2021 화면 구성 살펴보기

엑셀 2021은 [시작] 단추를 이용하거나 바로가기 아이콘을 이용하여 실행할 수 있으며, 종료할 때는 [파일] 메뉴나 [닫기] 단추를 이용합니다. 엑셀 2021의 기본적인 화면 구성을 통해 정확한 명칭과 기능을 이해하고 살펴봅니다.

엑셀 실행하기

1 작업표시줄의 [검색]을 클릭하여 『ex』까지 입력하면 Excel 2021을 찾을 수 있고, 'Excel'을 클릭합니다. (단, 엑셀 2021이 설치되어 있는 PC일 경우)

2 새로운 문서를 작성하기 위해서 [새 통합 문서]를 클릭합니다.

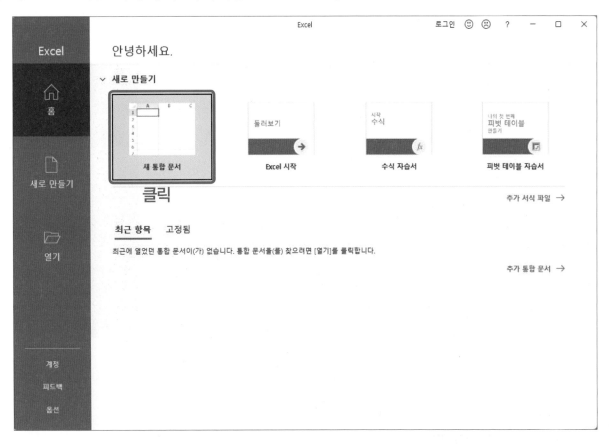

 TIP 엑셀 2021의 버전이나 업데이트 상태에 따라 교재의 화면 이미지와 다소 다를 수 있음을 참고하여 학습해 주세요.

엑셀의 화면 구성

③ 엑셀 프로그램에 구성된 화면의 명칭과 위치를 살펴봅니다.

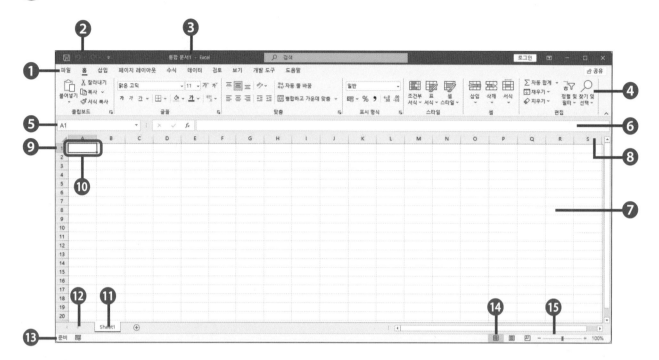

❶ [파일] : 새로 만들기, 열기, 저장, 인쇄, 닫기, 옵션 메뉴
등을 실행할 수 있습니다.

❷ 빠른 실행 도구 모음 : 마우스 한 번 클릭으로 바로 실행할 수 있는 도구로, 사용자가
명령 단추를 추가하거나 삭제할 수 있습니다.

❸ 제목 표시줄 : 현재 작업 중인 엑셀 문서의 제목이나 파일 이름, 리본 메뉴 표시 옵션,
창 조절 도구 등을 표시합니다.

❹ 리본 메뉴 : 프로그램 메뉴와 도구 모음의 기능을 제공합니다.

❺ 이름 상자(A1) : 현재 셀 포인터가 위치한 셀의 주소나 셀 이름을 보여줍니다.

❻ 수식 입력줄 : 현재 셀 포인터가 위치한 셀에 입력된 데이터나 수식이 표시됩니다.

❼ 워크시트(Worksheet) : 엑셀에서 작업 영역을 워크시트라고 합니다.

❽ 열 머리글 : 워크시트에서 16,384개의 열을 각각 구별하기 위한 문자로서 A~XFD까지 16,384개의 영문자로 이루어져 있습니다.

❾ 행 머리글 : 워크시트에서 1,048,576개의 행을 각각 구별하기 위한 번호로서 1~1,048,576행까지 있습니다.

❿ 셀(Cell) : 셀은 워크시트를 이루고 있는 조그마한 사각형을 일컫는 말이며, 엑셀에서 자료를 입력할 수 있는 최소 저장 단위입니다.

⓫ 시트 탭 : 시트 이름이 표시되는 곳입니다.

⓬ 시트탭 이동 단추( ) : 시트 개수가 많아서 시트 탭이 보이지 않을 때 오른쪽 혹은 왼쪽에 있는 시트를 보여주기 위한 단추로 구성되어 있습니다.

⓭ 상태 표시줄 : 현재 작업 상태에 대한 정보를 표시하는 부분입니다.

| 준비 🖿 | | 🖵디스플레이 설정 | ⊞ 回 凹 — ▌——— + 100% |

⓮ 보기 단추(⊞ 回 凹 **)** : 화면을 기본, 페이지 레이아웃, 페이지 나누기 미리보기
형태로 보여줍니다.

⓯ 확대/축소(— ▌——— + 100% **)** : 워크시트 화면을 크게 하거나 작게 조절할 수
있습니다.

워크시트 가장 마지막 셀로 셀 포인트 이동하기

4 셀 포인터를 이동하기 위해서는 키보드 방향키 ↑, ↓, ←, →로 상하좌우
로 한 셀씩 이동할 수 있는데, 현재 워크시트의 가장 아래 셀로 이동하기 위해서
키보드 Ctrl 키를 누른 상태에서 아래쪽 화살표(↓) 키보드를 눌러 셀 포인터를
[A1048576]으로 이동합니다.

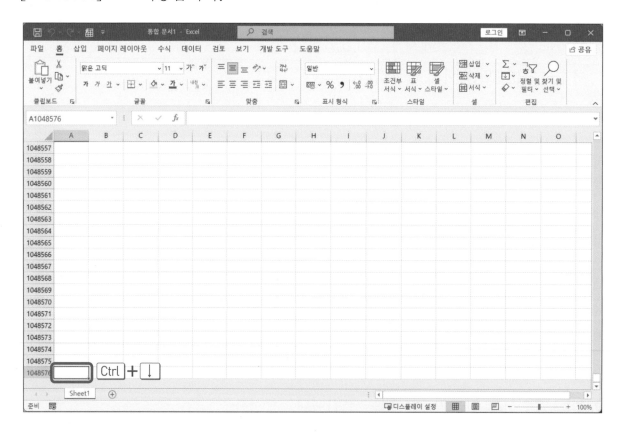

5 현재 워크시트의 가장 오른쪽 셀로 이동하기 위해서 Ctrl 키를 누른 상태에서 오른쪽 화살표(→)를 눌러 셀 포인터를 [XFD1048576]으로 이동합니다.

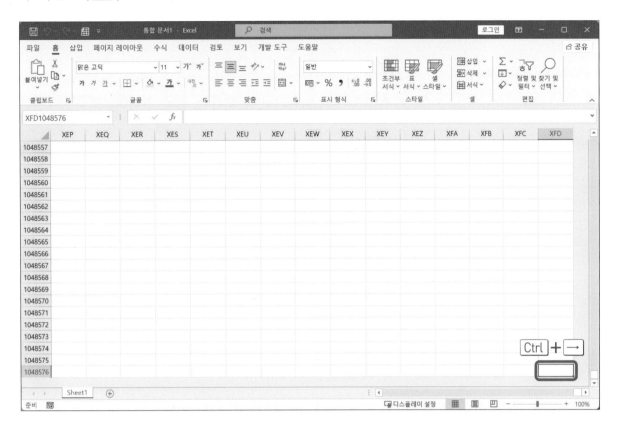

[A1] 셀로 이동하기

6 셀 포인터가 어디에 있던지 [A1] 셀로 이동하기 위해서는 Ctrl 키를 **누른 상태에서** Home 키를 눌러 이동합니다. 또는 Ctrl + ← 와 Ctrl + ↑ 키를 눌러 이동할 수 있습니다.

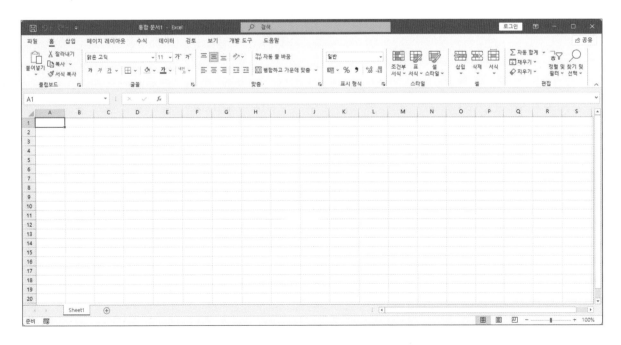

사용키	이동
←, →, ↑, ↓	한 셀 왼쪽, 오른쪽, 위쪽, 아래쪽으로 이동
Ctrl + ←, →, ↑, ↓	현재 데이터 범위의 왼쪽, 오른쪽, 위쪽, 아래쪽으로 이동
Ctrl + Home	[A1] 셀로 이동
Ctrl + End	데이터가 입력된 마지막 셀로 이동
Ctrl + Page Up	다음 시트로 이동
Ctrl + Page Down	앞 시트로 이동

눈금선 표시 여부

❼ [보기] 탭의 [표시] 그룹에서 '눈금선' 체크를 해제합니다.

❽ [보기] 탭의 [표시] 그룹에서 다시 '눈금선' 체크를 하면 화면에 눈금선을 표시할 수 있습니다.

엑셀 종료하기

9 엑셀을 종료하려면 화면 오른쪽 위의 [닫기]를 클릭하여 종료합니다.

 Alt + F4 키를 눌러 엑셀 프로그램을 종료할 수 있습니다.

실습2 상태 표시줄 활용하기

엑셀 프로그램은 수치 데이터를 입력하여 계산할 때 유용하게 사용할 수 있습니다. 함수와 계산식을 이용하지 않고도 상태 표시줄을 통하여 간단한 계산을 할 수 있으며, 화면을 확대/축소하여 내용을 확인할 수 있습니다.

상태 표시줄을 통하여 계산 결과 확인하기

1 워크시트에 다음과 같이 임의로 숫자 데이터 5개를 입력한 후 [A1] 셀을 클릭하고 하얀 십자 모양(✚)에서 마우스를 드래그하여 [A5] 셀까지 범위를 지정합니다.

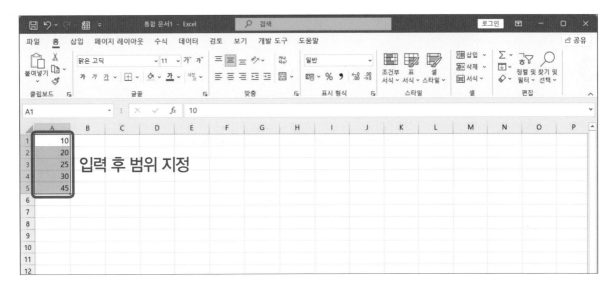

2 범위가 지정된 상태에서 상태 표시줄을 확인하면 **평균, 개수, 합계**가 표시된 것을 확인할 수 있습니다.

상태 표시줄의 함수 추가하기

3 상태 표시줄에서 마우스 오른쪽 버튼을 클릭하여 [**최소값**], [**최대값**]을 클릭합니다.

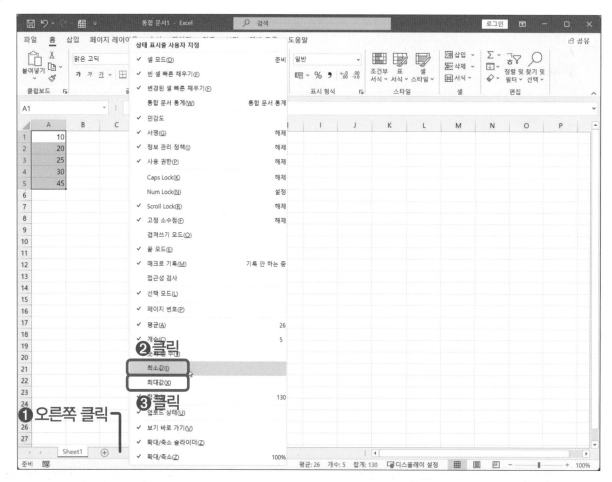

4 상태 표시줄에 '최소값', '최대값'이 추가로 표시됩니다.

상태 표시줄을 이용하여 워크시트 확대/축소하기

5 화면을 확대해서 글씨를 크게 보려면 상태 표시줄의 [확대 +]를 클릭합니다.

클릭

6 [확대 +]는 한 번 클릭할 때마다 **10%씩 확대**되고, [확대/축소] 바를 드래그하여 확대하거나 축소할 수 있습니다.

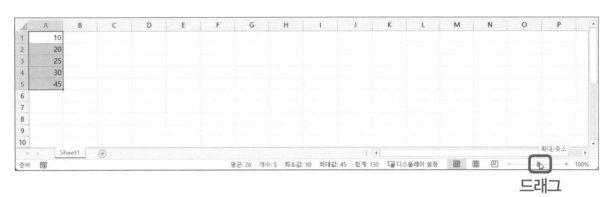

드래그

7 반대로 화면을 축소할 때는 [축소 −]를 클릭하여 화면을 축소합니다.

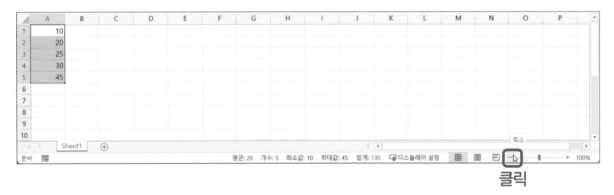

클릭

실력쑥쑥 🌱 TIP   **셀 범위 지정**

◉ 연속적인 셀 선택

방법1 마우스로 드래그하여 범위 지정

방법2 첫 번째 셀[A1]을 클릭한 후 [Shift] 키를 누른 상태에서 마지막 셀 [E7] 클릭

방법3 첫 번째 셀[A1]을 클릭한 후 [Shift] +방향키([←], [→], [↑], [↓])로 이동

◉ 비연속적인 셀 선택

첫 번째 셀 또는 영역을 선택한 후 [Ctrl] 키를 누른 상태에서 두 번째 영역, 세 번째 영역… 을 선택

❶ 드래그   **❷** [Ctrl]+ 드래그   **❸** [Ctrl]+ 드래그

◉ 행/열 단위로 범위 지정

하나의 열 : A열 머리글을 클릭하여 A 열 전체를 선택

클릭

여러 행(1~3행) : 1행 머리글을 누르고 3행 머리글까지 드래그하여 범위 지정

❶ 클릭
❷ 드래그

◉ 워크시트의 모든 셀 선택

방법1 행과 열 머리글이 교차하는 1행 위쪽, A열 왼쪽 부분을 클릭

방법2 바로가기 키 : [Ctrl]+[A]

클릭

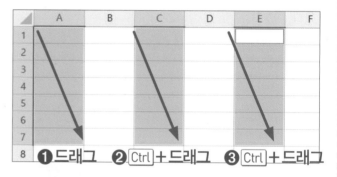

⊙ 동일한 내용 입력하기

동일한 내용을 입력하는 경우에 범위를
지정하고 마지막 선택된 셀에서 내용
(예 엑셀)을 입력한 후 Ctrl + Enter

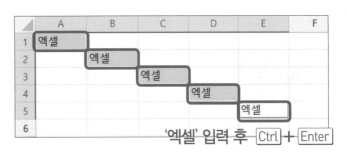

'엑셀' 입력 후 Ctrl + Enter

실습3 문서를 작성하고 저장 및 불러오기

엑셀 2021에서 문서를 작성하여 저장하면 확장자가 'xlsx'인 엑셀 통합 문서로 저장됩니다.

문서 작성하기

1 엑셀 2021을 새롭게 실행하여 다음과 같이 데이터를 입력합니다.

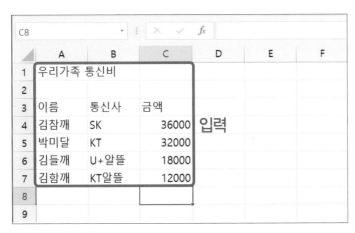

실력쑥쑥 TIP 데이터 수정하기

방법1 셀을 선택한 후 F2 키를 눌러 수정합니다.

방법2 셀에서 더블 클릭하여 수정합니다.

방법3 셀을 선택한 후 수식 입력줄에서 수정합니다.

2 [파일] 탭을 클릭하여 [저장]을 클릭합니다(또는 빠른 실행 도구 모음의 [저장 🖫] 도구를 클릭해도 가능합니다). (작업환경에 따라 화면이 다를 수 있습니다.)

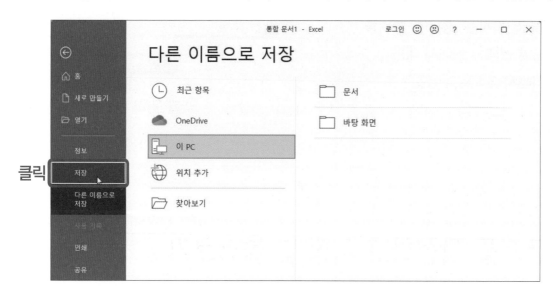

문서 저장하기

3 [다른 이름으로 저장] 대화상자에서 [찾아보기]를 클릭한 후 '저장 위치'(문서)를 확인하고, '파일 이름'에 『**우리가족 통신비**』를 입력한 후 [저장] 단추를 클릭합니다.

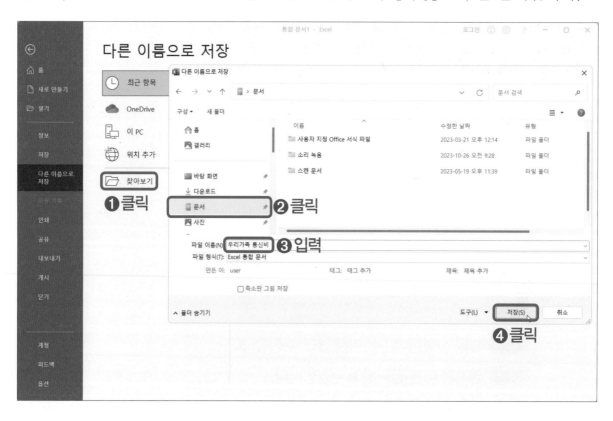

4 제목 표시줄에 '우리가족 통신비'라고 파일명이 표시됩니다. 오른쪽 상단의 [닫기]를 클릭하여 엑셀을 종료합니다.

저장된 파일 불러오기

5 엑셀을 새롭게 시작한 후 [파일]-[열기] 메뉴를 클릭하여 [찾아보기]를 클릭합니다. 참고로 최근에 사용한 항목에 저장된 파일이 보일 경우, 바로 선택하면 파일을 불러올 수 있습니다.

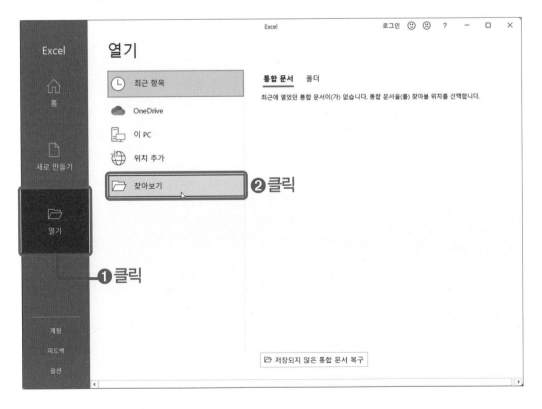

6 [열기] 대화상자에서 저장된 위치를 선택한 후 '우리가족 통신비'를 선택하고 [열기] 단추를 클릭합니다.

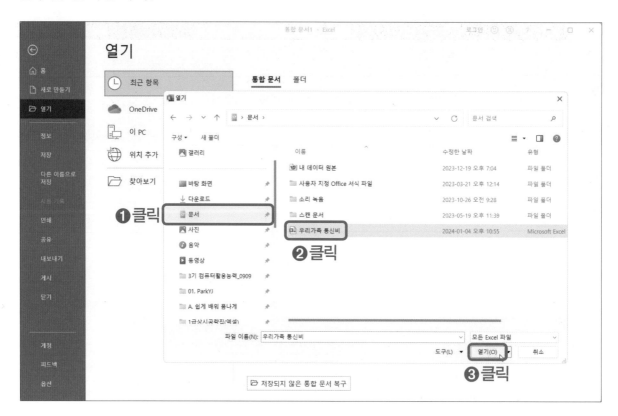

1 다음 엑셀 화면 구성에 해당하는 명칭을 기입해 보세요.

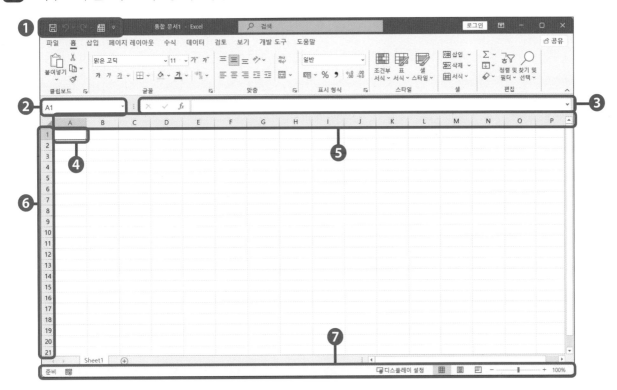

2 [A1:E10] 영역을 범위 지정한 후 '엑셀'을 입력해 보세요.

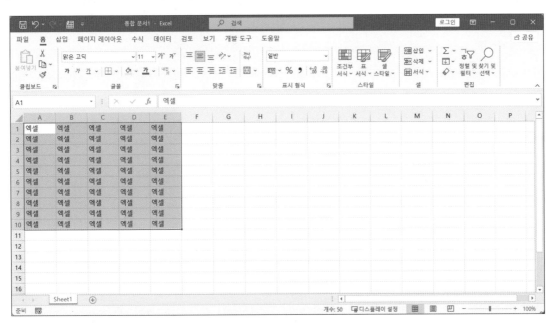

Hint!
- 범위 지정 : [A1] 셀에서 [E10] 셀까지 드래그(또는 [A1] 셀 클릭 후 Shift 키를 누른 상태에서 [E10] 셀을 클릭합니다.
- 동일한 내용 입력 : 범위가 지정된 상태에서 바로 『엑셀』을 입력한 후 Ctrl + Enter 키를 누릅니다.

3 다음과 같이 입력하고 '지출내역'으로 저장해 보세요.

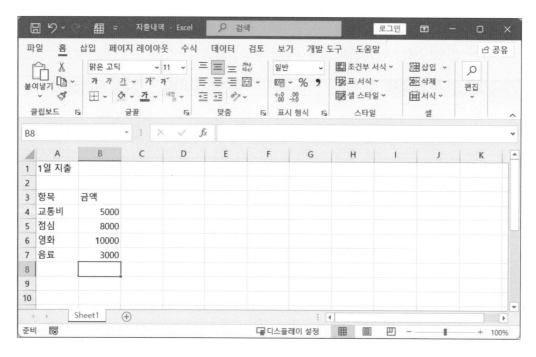

> **Hint!** [파일] 탭의 [저장]을 클릭하여 저장합니다.

4 다음과 같이 입력하고 '과일구매'로 저장해 보세요.

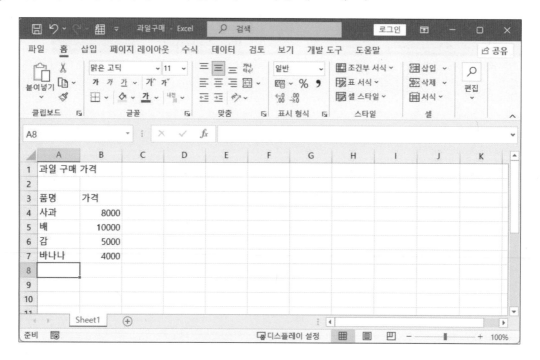

> **Hint!** [파일] 탭의 [저장]을 클릭하여 저장합니다.

5 가격의 합계, 평균, 개수, 최대값, 최소값을 상태 표시줄에서 확인해 보세요.

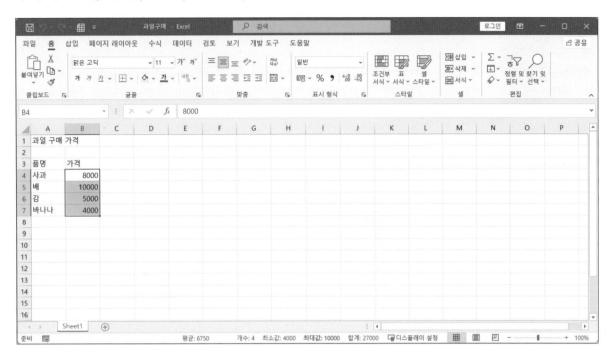

> *Hint!* [B4:B7] 영역을 범위 지정한 후 '상태 표시줄'에서 값을 확인합니다.

6 화면을 150%로 확대해 보세요.

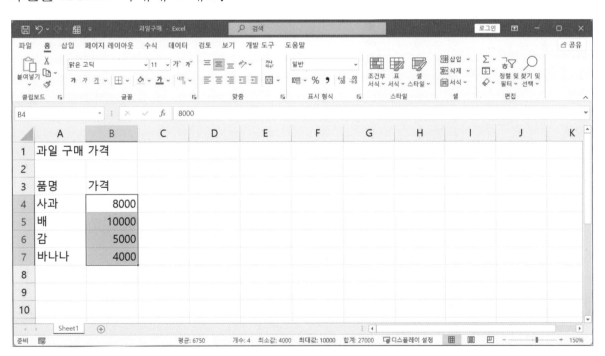

> *Hint!* 상태 표시줄의 [확대 +]를 5번 클릭하여 150%로 변경합니다.

데이터 입력에 날개 달기

연속된 데이터 또는 동일한 데이터를 효율적으로 입력하기 위해 채우기 핸들을 이용하여 자료를 입력하는 방법과 문서에 한자와 기호, 메모를 삽입하는 방법에 대해 알아봅니다.

완성파일 미·리·보·기

무료 동영상

◉ 완성 파일 : 휴가일정(결과).xlsx

	A	B	C	D	E	F	G	H	I	J
1		성안I&C 직원 여름 휴가 일정								
2										
3		8월(August)								
4										
5		일	요일	김연자	정글북	심청이			가넷	
6		1	금(金)						자수정	
7		2	토(土)						아쿠아마린	
8		3	일(日)						화이트큐빅	
9		4	월(月)			★	반차 9:00~13:00		에메랄드	
10		5	화(火)			★			라벤더	
11		6	수(水)	●		★			루비	
12		7	목(木)	●					페리도트	
13		8	금(金)	●					사파이어	
14		9	토(土)						투어마린	
15		10	일(日)						시트린	
16		11	월(月)						탄자나이트	
17		12	화(火)							
18		13	수(水)		♠					
19		14	목(木)		♠					
20		15	금(金)		♠					
21										

체크포인트

실습1   채우기 핸들을 이용하여 데이터를 입력해 봅니다.

실습2   문서에 기호를 입력하고 한자도 변환합니다.

실습3   메모를 삽입하여 보충 설명이나 중요 내용을 입력합니다.

실습4   사용자 지정 목록을 등록하고 채우기 핸들을 이용하여 데이터를 입력해 봅니다.

채우기 핸들을 이용하여 데이터 입력하기

날짜, 요일, 시간, 숫자 등을 일정하게 증감하면서 채우거나 복사할 때 채우기 핸들을 이용하면 쉽게 입력할 수 있습니다.

숫자 데이터 채우기

① [B1] 셀에 『성안I&C 직원 여름 휴가 일정』, [B3] 셀에 『8월(August)』, [B5] 셀에 『일』, [C5] 셀에 『요일』, [D5], [E5], [F5] 셀에 『김연자』, 『정글북』, 『심청이』를 입력, [B6] 셀에 『1』을 입력한 후 [B6] 셀 오른쪽 아래의 채우기 핸들을 이용하여 [B20] 셀까지 드래그합니다.

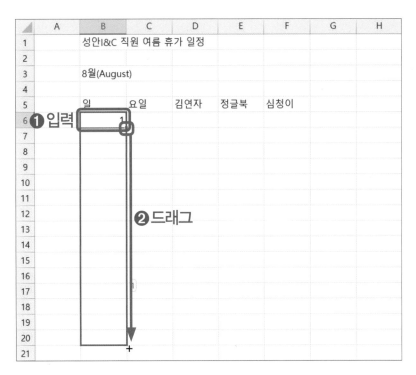

 TIP **채우기 핸들**

- 선택된 셀의 오른쪽 하단의 네모( )를 채우기 핸들이라고 합니다. 채우기 핸들에 마우스 포인터를 맞추면 검은색 십자(+) 모양으로 바뀝니다.
- 채우기 핸들을 이용하여 데이터를 입력할 수 있고, 서식과 수식 등을 복사할 수 있습니다.

② [B20] 셀에서 [자동 채우기 옵션]을 클릭하여 **[연속 데이터 채우기]**를 클릭합니다.

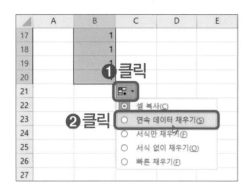

TIP

[B6] 셀에 『1』을 입력한 후 Ctrl 키를 누른 상태에서 채우기 핸들을 이용하여 [B20] 셀까지 드래그하면 1, 2, 3… 으로 데이터가 입력됩니다.

요일 데이터 채우기

③ [C6] 셀에 『금』을 입력한 후 채우기 핸들을 이용하여 [C20] 셀까지 드래그합니다.

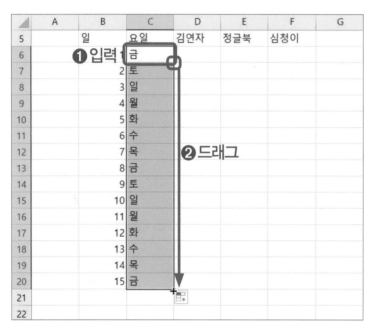

실력쑥쑥 **TIP** 자료 입력

- 숫자를 입력하면 기본적으로 셀의 오른쪽에 표시되고, 문자는 셀의 왼쪽에 표시됩니다.
- 날짜를 입력할 때는 '/' 또는 '–'로 구분하여 년, 월, 일을 입력합니다. 년도는 생략할 수 있으며, 생략하면 현재 작업하는 현재 년도가 자동으로 입력됩니다. (예 2025–5–1, 2025/5/1, 5–1, 5/1)
- 시간을 입력할 때는 ':' 기호를 이용하여 시, 분, 초를 구분하여 입력하거나, 직접 시, 분(예 9시 20분)을 입력할 수 있습니다. (예 08:30 또는 8시 30분)
- 오늘 날짜를 자동으로 입력할 때는 Ctrl + ; 키를 누릅니다.
- 현재 시간을 자동으로 입력할 때는 Ctrl + Shift + ; 키를 누릅니다.

◉ 숫자 데이터 : 숫자를 입력한 후 채우기 핸들을 이용하여 드래그하면 기본적으로 복사됩니다. 연속된 데이터(1, 2, 3…)로 채우고자 할 때는 [자동 채우기 옵션 🖳] 단추를 클릭하여 [연속 데이터 채우기]를 클릭합니다.

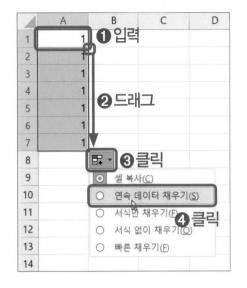

• 2개의 영역을 범위 지정한 후 드래그하면 두 숫자의 차이 값만큼 증감하면서 채워집니다.

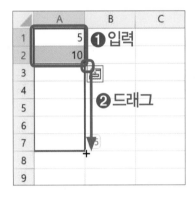

• Ctrl 키를 누른 상태에서 드래그하면 숫자는 1씩 증가하면서 채워집니다.

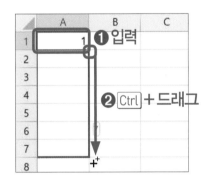

◉ 숫자와 문자 혼합 데이터 : 숫자는 1씩 증가하고 문자는 복사됩니다.

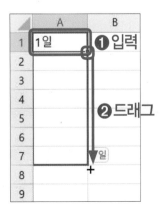

● 날짜 데이터 : 날짜 데이터는 1일 단위로 증가하면서 채워집니다. [자동 채우기 옵션]을 이용하여 '평일', '월', '연' 단위로도 채워집니다. (『5월 5일』로 입력하면 '일반' 형식으로 표시되므로 『5-5』로 입력해야 '날짜' 형식인 '05월 05일'로 표시됩니다.)

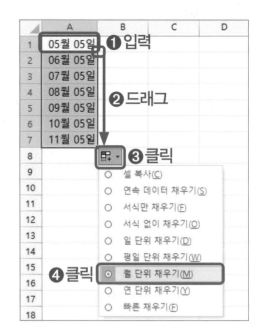

● 시간 데이터 : 시간 데이터는 1시간 단위로 증가하면서 채워집니다.

실습2 기호와 한자 입력하기

기호는 문서를 꾸미거나 강조하기 위해 입력하거나 특정 항목을 선택하는 기호로 사용합니다. 한자는 이름을 한자로 변환하거나 뜻을 좀 더 명확하게 전달하기 위해 사용합니다.

기호 입력하기

❶ [D11] 셀을 선택한 후 **한글 자음 『ㅁ』**을 입력하고 [한자] 키를 누릅니다. 기호 목록의 오른쪽 하단에 [보기 변경 »] 단추를 클릭하거나 [Tab] 키를 누릅니다.

◢	A	B	C	D	E	F	G
3		8월(August)					
4							
5		일	요일	김연자	정글북	심청이	
6		1					
7		2					
8		3					
9		4		❶입력＋한자			
10		5					
11		6		□			
12		7		1 #			
13		8		2 &			
14		9		3 *			
15		10		4 @			
16		11		5 §			
17		12		6 ※			
18		13		7 ☆			
19		14		8 ★			
20		15		9 ○			
21				≫ ❷클릭			
22							
23				보기 변경			
24							

TIP

프로그램 버전이나 업그레이드 상태에 따라 [보기 변경 ≫]은 [표 보기 ⇥]로 표시되기도 합니다.

❷ 기호 목록에서 넣고자 하는 기호를 마우스로 클릭합니다.

◢	A	B	C	D	E	F	G	H
5		일	요일	김연자	정글북	심청이		
6		1	금					
7		2	토					
8		3	일					
9		4	월					
10		5	화					
11		6	수	□		클릭		
12		7	목	1 #	●	▼	▷	
13		8	금	2 &	◎	→	▶	
14		9	토	3 *	◇	←	♤	
15		10	일	4 @	◆	↑	♠	
16		11	월	5 §	□	↓	♡	
17		12	화	6 ※	■	↔	♥	
18		13	수	7 ☆	△	=	♧	
19		14	목	8 ★	▲	◁	♣	
20		15	금					

❸ 기호가 입력된 [D11] 셀을 클릭하고 채우기 핸들을 이용하여 [D13] 셀까지 드래그합니다.

◢	A	B	C	D	E	F
8		3	일			
9		4	월			
10		5	화			
11		6	수	●	드래그	
12		7	목	●		
13		8	금	●		
14		9	토			
15		10	일			

④ 같은 방법으로 [F9] 셀에 한글 자음『ㅁ』을 입력한 후 한자 키를 눌러 기호(★)를 삽입하고 [F11] 셀까지 채우기 핸들을 이용하여 드래합니다. [E18] 셀에 한글 자음『ㅁ』을 입력한 후 한자 키를 눌러 기호(♠)를 삽입하고 [E20] 셀까지 채우기 핸들을 이용하여 드래그합니다.

실력쑥쑥 TIP **한글 자음의 기호 목록**

자음	기호	등록된 기호	자음	기호	등록된 기호
ㄱ	기술 기호	! ' , / : ; ^	ㅊ	분수/첨자 기호	½ ¼ ¾ ⅛
ㄴ	괄호 기호	" ( ) [ ] { } " "	ㅋ	한글 현대 자모	ㄱ ㄲ ㄳ ㄴ ㄵ ㅀ
ㄷ	학술 기호	± ÷ ≠ ∴ ∞ <	ㅌ	한글 고어 자모	ㅥ ㅦ ㅧ ㅨ ㅩ ㅪ
ㄹ	단위 기호	$ % \ ℉ ℃ Å	ㅍ	로마 문자	A B C D E F G
ㅁ	일반 기호	# & @ ※ ☆ ★	ㅎ	그리스 문자	Α Β Γ Δ Ε Ζ Η
ㅂ	괘선 조각	─ │ ┌ ┐ └	ㄲ	발음 기호	Æ Ð Ħ IJ Ŀ Ł
ㅅ	한글 표제 기호	㉠ ㉡ ㉢ ㉣ ㉤ ㉥	ㄸ	히라가나	ぁ あ ぃ い ぅ う
ㅇ	영문 표제 기호	ⓐ ⓑ ⓒ ① ② ③	ㅃ	카타카나	ァ ア ィ イ ゥ ウ
ㅈ	로마 숫자	ⅰ ⅲ ⅳ ⅴ ⅵ ⅶ ⅷ	ㅆ	러시아 문자	А Б В Г Д Е Ж З

① [삽입] 탭의 [기호]를 클릭합니다.

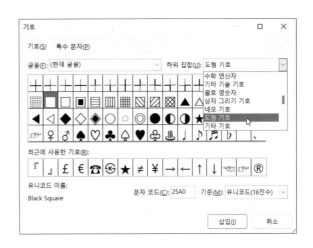

② [기호] 대화상자의 글꼴과 하위 집합을 이
용하여 다양한 기호를 삽입합니다.

한자 변환하기

5 [C6] 셀의 '금' 뒤에서 더블 클릭한 후 한자 키를 누릅니다. [한글/한자 변환] 대화
상자의 한자 선택에서 '金'을 선택한 후 입력 형태에서 '**한글(漢字)**'을 선택하고 [변
환] 단추를 클릭합니다.

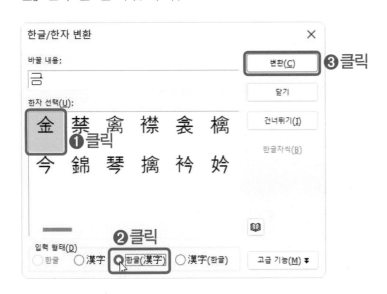

6 다른 요일도 한글(漢字) 형식으로 한자를 변환합니다.

	A	B	C	D	E	F	G
5		일	요일	김연자	정글북	심청이	
6		1	금(金)				
7		2	토(土)				
8		3	일(日)				
9		4	월(月)			★	
10		5	화(火)			★	
11		6	수(水)			★	
12		7	목(木)	●			
13		8	금(金)	●			
14		9	토(土)				
15		10	일(日)				
16		11	월(月)				
17		12	화(火)				
18		13	수(水)	♠			
19		14	목(木)	♠			
20		15	금(金)	♠			
21							

실습3 메모를 삽입하여 표시하기

우리가 일상에서 간단한 메모를 하기 위해 노트나 메모장을 사용하는 것처럼, 워크시트의 셀에 보충 설명 등을 기재하기 위해 메모를 사용합니다.

메모 삽입하기

1 [F9] 셀에서 마우스 오른쪽 버튼을 클릭하여 [메모 삽입] 메뉴를 클릭합니다.

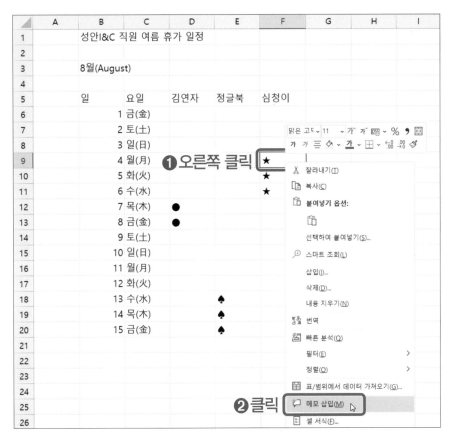

 **TIP** 메모 삽입

[검토] 탭의 [메모] 그룹에서 [새 메모] 도구를 클릭하여 메모를 삽입할 수 있습니다.

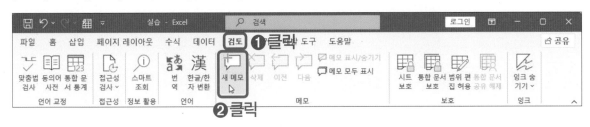

2 메모 상자에 기본 사용자 이름은 지우고, 『**반차 9:00~13:00**』을 입력합니다.

	A	B	C	D	E	F	G	H	I
3		8월(August)							
4									
5		일	요일	김연자	정글북	심청이			
6		1	금(金)						
7		2	토(土)						
8		3	일(日)						
9		4	월(月)			★	반차 9:00~13:00		
10		5	화(火)			★	입력		
11		6	수(水)			★			
12		7	목(木)	●					
13		8	금(金)	●					
14		9	토(土)						
15		10	일(日)						

 TIP 메모 내용을 입력한 후 다른 셀을 클릭하면 메모 삽입을 끝낼 수 있습니다.

 실력쑥쑥 **TIP**

메모가 삽입되면 [F9] 셀의 오른쪽 위에 빨강색 세모가 표시됩니다. 마우스를 [F9] 셀에 두었을 때 입력된 메모를 확인할 수 있습니다.

	A	B	C	D	E	F	G
3		8월(August)					
4							
5		일	요일	김연자	정글북	심청이	
6		1	금(金)				
7		2	토(土)				
8		3	일(日)				
9		4	월(月)			★	
10		5	화(火)			★	
11		6	수(水)			★	
12		7	목(木)	●			
13		8	금(金)	●			
14		9	토(土)				
15		10	일(日)				

③ 메모를 항상 표시하기 위해 [F9] 셀에서 마우스 오른쪽 버튼을 클릭하여 [메모 표시/숨기기] 메뉴를 클릭합니다.

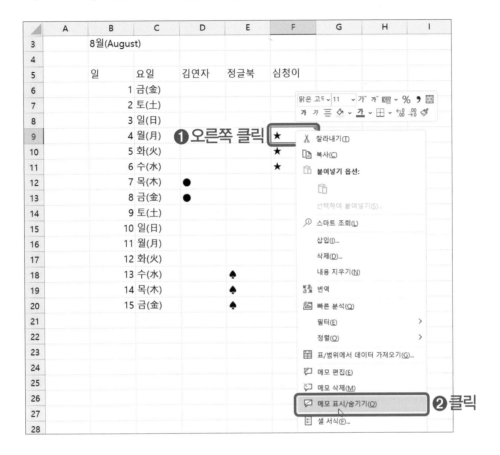

 메모가 워크시트 내용을 가릴 경우 메모 상자를 이동하기 위해 메모 상자 경계라인에 마우스 포인트를 맞추어 십자형 화살표(✛)가 되었을 때 드래그하여 이동합니다.

실력쑥쑥  **메모 삭제**

메모를 삭제할 때는 메모를 삽입한 셀에서 마우스 오른쪽 버튼을 클릭하여 [메모 삭제] 메뉴를 클릭하여 삭제하거나 [검토] 탭의 [메모] 그룹에서 [삭제] 도구를 클릭하여 삭제합니다.

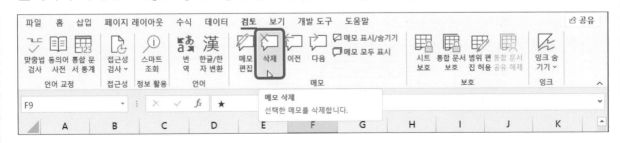

실습4 사용자 지정 목록을 등록하여 데이터 입력하기

자주 입력해야 하는 문구가 있다면 사용자 지정 목록에 등록한 후 채우기 핸들을 이용하여 쉽게 데이터를 입력할 수 있습니다.

사용자 지정 목록 등록하기

1 [파일] 탭을 클릭하고 [옵션]을 클릭합니다.

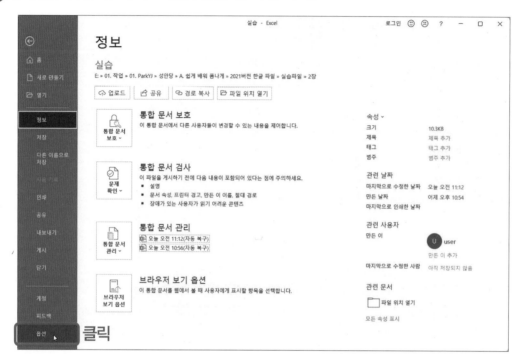

2 [Excel 옵션] 대화상자에서 '고급'을 선택한 후 세로 스크롤 바를 가장 밑으로 내린 후에 [사용자 지정 목록 편집] 단추를 클릭합니다.

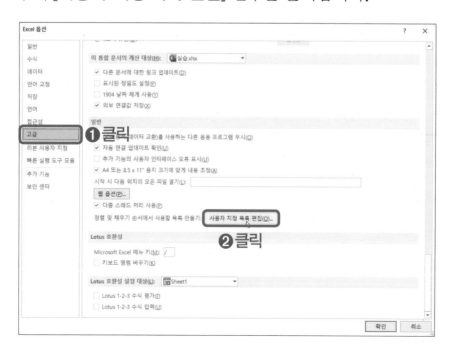

❸ 목록 항목에 『가넷, 자수정, 아쿠아마린, 화이트큐빅, 에메랄드, 라벤더, 루비, 페리도트, 사파이어, 투어마린, 시트린, 탄자나이트』를 입력한 후 [추가] 단추를 클릭하고 [확인] 단추를 클릭합니다. 다시 [Excel 옵션] 대화상자에서 [확인] 단추를 클릭합니다.

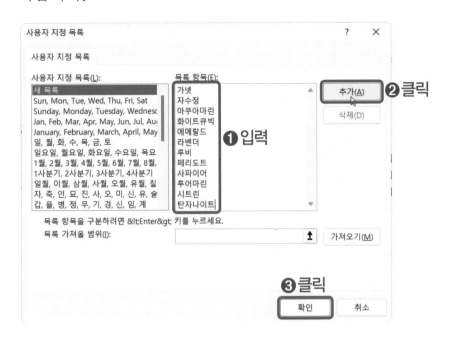

사용자 지정 목록 채우기

❹ [I5] 셀에 『가넷』을 입력한 후 채우기 핸들을 이용하여 [I16] 셀까지 드래그합니다. 등록된 순서로 데이터가 모두 입력되면 다시 반복해서 입력된 것을 확인할 수 있습니다.

	A	B	C	D	E	F	G	H	I	J
3		8월(August)								
4									❶입력	
5		일	요일	김연자	정글북	심청이			가넷	
6		1	금(金)						자수정	
7		2	토(土)						아쿠아마린	
8		3	일(日)						화이트큐빅	
9		4	월(月)			★	반차 9:00~13:00		에메랄드	
10		5	화(火)			★			라벤더	
11		6	수(水)			★			루비	❷드래그
12		7	목(木)	●					페리도트	
13		8	금(金)	●					사파이어	
14		9	토(土)						투어마린	
15		10	일(日)						시트린	
16		11	월(月)						탄자나이트	
17		12	화(火)							
18		13	수(水)		♠					
19		14	목(木)		♠					

● 완성 파일 : 혼자풀어보기(2장)-결과.xlsx

1 채우기 핸들을 활용하여 월(1月), 영어(January)를 입력하고 데이터를 입력해 보세요.

	A	B	C	D	E	F
1		탄생석				
2						
3		월	영어	탄생석	의미	
4		1月	January	가넷	진실, 우정	
5		2月	February	자수정	평화, 성실	
6		3月	March	아쿠아마린	젊음, 행복	
7		4月	April	다이아몬드	불멸, 사랑	
8		5月	May	에메랄드	행복, 행운	
9		6月	June	진주	순결, 부귀	
10		7月	July	루비	사랑, 평화	
11		8月	August	페리도트	부부의 행복, 지혜	
12		9月	September	사파이어	성실, 진실	
13		10月	October	오팔	희망, 순결	
14		11月	November	토파즈	건강, 희망	
15		12月	December	터키석	성공, 승리	
16						

Hint!
- [B4] 셀에 『1月』을 입력한 후 채우기 핸들을 이용하여 [B15] 셀까지 드래그합니다.
- [C4] 셀에 『January』를 입력한 후 채우기 핸들을 이용하여 [C15] 셀까지 드래그합니다.

2 다음과 같이 데이터를 입력하고 한자와 기호를 삽입해 보세요.

	A	B	C	D	E	F	G	H
1								
2								
3		국가명	영문	한자	명칭	통화코드	화폐기호	
4		한국	KOREA	韓國	원	KRW	₩	
5		미국	USA	美國	달러	USD	$	
6		중국	CHINA	中國	위안	CNY	Y	
7		일본	JAPAN	日本	엔화	JPY	¥	
8		영국	UK	英國	파운드	GBP	£	
9		독일	GERMANY	獨逸	유로	EUR	€	
10		인도	INDIA	印度	루피	INR	Rs	
11								

Hint!
- 한자는 한글 뒤에 커서를 두고 [한자] 키를 눌러 변환합니다.
- 화폐 기호는 한글 자음 『ㄹ』을 입력한 후 [한자] 키를 눌러 입력하거나 [삽입] 탭의 [기호]를 클릭하여 하위 집합에서 '통화 기호'를 선택하여 입력할 수 있습니다.

3 채우기 핸들을 활용하여 다음과 같이 데이터를 입력하고 기호를 삽입해 보세요.

	A	B	C	D	E	F	G
1		★ 세미나 일정 ★					
2							
3		구분	날짜	시간	정원	참가비	
4		1	05월 01일	9시 30분	10	150000	
5		2	05월 02일	10시 30분	20	140000	
6		3	05월 03일	11시 30분	30	130000	
7		4	05월 04일	12시 30분	40	120000	
8		5	05월 05일	13시 30분	50	110000	
9		6	05월 06일	14시 30분	60	100000	
10		7	05월 07일	15시 30분	70	90000	
11		8	05월 08일	16시 30분	80	80000	
12		9	05월 09일	17시 30분	90	70000	
13		10	05월 10일	18시 30분	100	60000	
14							

Hint!
- 기호는 한글 자음 『ㅁ』을 입력한 후 [한자] 키를 눌러 선택할 수 있습니다.
- 정원은 『10』, 『20』을 입력하고 범위를 지정한 후 채우기 핸들을 이용하여 드래그하고, 참가비는 『150000』, 『140000』을 입력한 후 채우기 핸들을 이용하여 드래그합니다.

4 다음과 같이 데이터를 입력하고 한자와 기호, 메모를 삽입해 보세요.

	A	B	C	D	E	F
1						
2		※ 세계의 부자들 ※		국적:남아프리카 공화국, 캐나다,미국		
3						
4		CEO	나라	회사(會社)	재산(단위:달러)	
5		베르나르 아르노	프랑스	루이비통 회장	≒ 2,100억	
6		일론 머스크	미국	테슬라, 스페이스 X	≒ 1,300억	
7		제프 베이조스	미국	아마존	≒ 1,200억	
8		래리 엘리슨	미국	오라클	≒ 1,100억	
9		워렌 버핏	미국	버크셔 해서웨이	≒ 1,000억	
10						

Hint!
- 기호는 한글 자음 『ㅁ』을 입력한 후 [한자] 키를 눌러 선택할 수 있습니다.
- 한자는 한글 뒤에 커서를 두고 [한자] 키를 눌러 변환합니다.
- [C6] 셀에서 마우스 오른쪽 버튼을 클릭한 후 [메모 삽입]을 클릭하여 입력합니다.
- 다시 [C6] 셀에서 마우스 오른쪽 버튼을 클릭하여 [메모 표시/숨기기]를 이용하여 표시하고, 메모의 크기를 조절할 때는 모서리의 크기 조절점을 이용하여 조절합니다.

5 다음과 같이 데이터를 입력하고 한자와 메모를 삽입해 보세요.

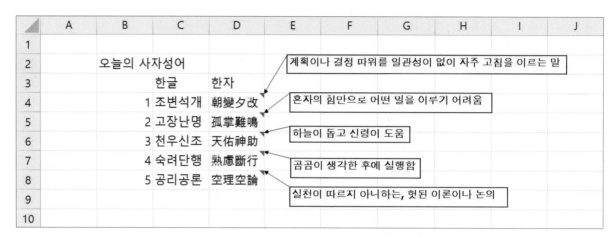

> **Hint!**
> • 한자는 한글 뒤에 커서를 두고 한자 키를 눌러 변환합니다.
> • 메모는 삽입할 셀에서 마우스 오른쪽 버튼을 클릭한 후 [메모 삽입]을 클릭하여 입력합니다.

6 사용자 지정 목록에 등록된 데이터를 채우기 핸들을 이용하여 데이터를 입력해 보세요.

	A	B	C	D	E	F	G	H	I	J	K	L	M	N
1	갑	자	갑자	일	일요일	Sun	Sunday	1사분기	一四分期	1월	일월	JAN	January	
2	을	축	을축	월	월요일	Mon	Monday	2사분기	二四分期	2월	이월	Feb	February	
3	병	인	병인	화	화요일	Tue	Tuesday	3사분기	三四分期	3월	삼월	Mar	March	
4	정	묘	정묘	수	수요일	Wed	Wednesday	4사분기	四四分期	4월	사월	Apr	April	
5	무	진	무진	목	목요일	Thu	Thursday			5월	오월	May	May	
6	기	사	기사	금	금요일	Fri	Friday			6월	유월	Jun	June	
7	경	오	경오	토	토요일	Sat	Saturday			7월	칠월	Jul	July	
8	신	미	신미							8월	팔월	Aug	August	
9	임	신	임신							9월	구월	Sep	September	
10	계	유	계유							10월	시월	Oct	October	
11		술	갑술							11월	십일월	Nov	November	
12		해	을해							12월	십이월	Dec	December	
13			병자											
14			정축											
15			무인											
16			기묘											
17			경진											
18			신사											
19			임오											
20			계미											
21														

> **Hint!**
> • 예 '갑'을 입력한 후 채우기 핸들을 이용하여 데이터를 입력합니다. (자, 갑자, 일, 일요일, Sun, Sunday, 1사분기….)
> • [파일] 탭의 [옵션]을 클릭하여 '고급'에서 [사용자 지정 목록 편집] 단추를 이용하여 내용을 등록하고 채우기 핸들로 데이터를 입력합니다.

03장 셀 서식 지정하기

같은 문서라도 보는 사람에게 쉽고 빠르게 전달될 수 있게 하는 것이 중요합니다. 여기에는 서식이라는 기능이 빠질 수 없으며, 이러한 서식을 지정하는 데 알아야 할 기본적인 지식과 활용 기술에 대해 알아봅니다.

완성파일 미리보기

● 완성 파일 : 시간표(결과).xlsx

	월요일	화요일	수요일	목요일	금요일
1교시					
2교시					
3교시					
4교시					
5교시					
6교시					
7교시					
8교시					
9교시					

1학기 시간표
DAILY SCHEDULE

체크포인트

실습1 다양한 테두리 서식을 지정해 봅니다.

실습2 제목을 입력하고 글꼴과 맞춤 서식을 지정해 봅니다.

실습3 행 높이와 열 너비를 조절하고 중간에 행을 삽입하고 삭제를 실습해 봅니다.

실습4 워크시트의 이름 변경, 시트 복사를 실습해 봅니다.

테두리 서식 지정하기

입력된 데이터에 테두리를 이용하여 테두리 선을 넣을 수 있습니다. 다른 테두리를 이용하여 굵은 상자 테두리, 제목 행
아래와 제목 열 오른쪽에 이중선으로 테두리를 지정해 봅니다.

데이터 입력하기

1 다음과 같이 데이터를 입력합니다.

- [C4] 셀은 『월요일』을 입력한 후 채우기 핸들을 이용하여 [G4] 셀까지 드래그합니다.
- [B5] 셀은 『1교시』를 입력한 후 채우기 핸들을 이용하여 [B13] 셀까지 드래그합니다.

모든 테두리 지정하기

2 [B4:G13] 영역을 범위 지정한 후 [홈] 탭의 [글꼴] 그룹에서 [테두리]-[모든 테두리]를 클릭합니다.

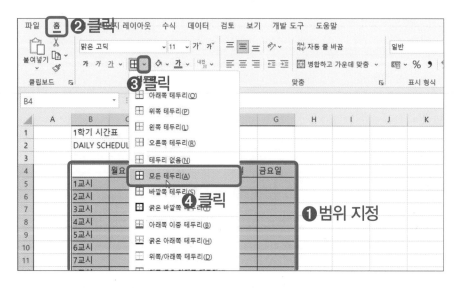

바깥쪽은 굵은 상자 테두리 지정하기

❸ 범위가 지정된 상태에서 [홈] 탭의 [글꼴] 그룹에서 [테두리]–[굵은 바깥쪽 테두리]를 클릭합니다.

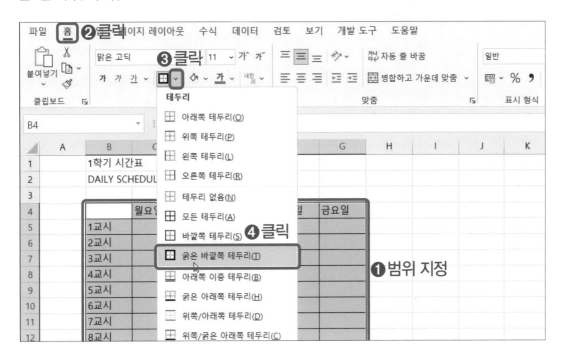

제목 행 아래와 제목 열 오른쪽에 이중 테두리 지정하기

❹ [B4:G4] 영역을 범위 지정한 후 [홈] 탭의 [글꼴] 그룹에서 [테두리]–[아래쪽 이중 테두리]를 클릭합니다.

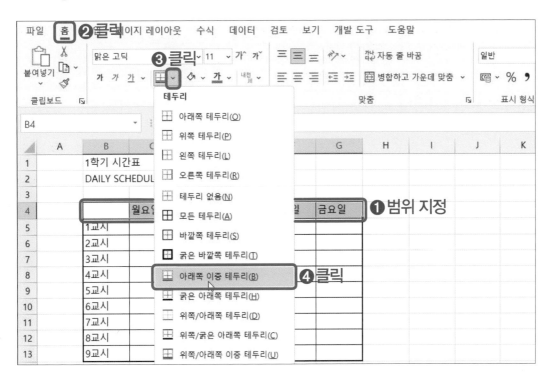

5 [B4:B13] 영역을 범위 지정한 후 [홈] 탭의 [글꼴] 그룹에서 [테두리]-[다른 테두리]를 클릭합니다.

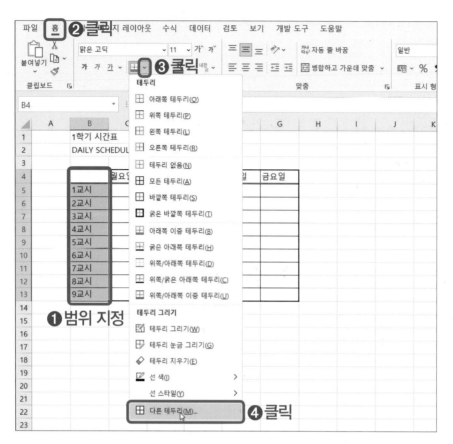

 TIP [B4:B13] 영역을 범위 지정하고 마우스 오른쪽 버튼을 클릭한 후 [셀 서식] 메뉴를 클릭하여 [테두리] 탭을 이용할 수 있습니다.

6 [셀 서식] 대화상자의 [테두리] 탭에서 선 스타일은 '이중 선', 테두리에서 '오른쪽 선'을 선택하고 [확인] 단추를 클릭합니다.

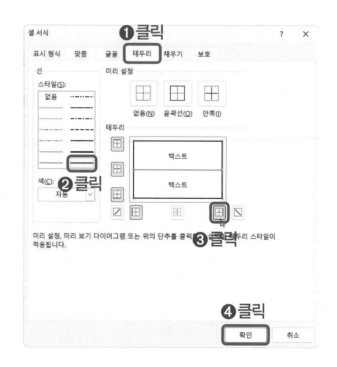

대각선 지정하기

7 [B4] 셀을 클릭한 후 [홈] 탭의 [글꼴] 그룹에서 [테두리]-[다른 테두리]를 클릭합니다.

8 [셀 서식] 대화상자의 [테두리] 탭에서 선 스타일은 '**실선**', 테두리에서 '**오른쪽 대각선**'을 선택하고 [확인] 단추를 클릭합니다.

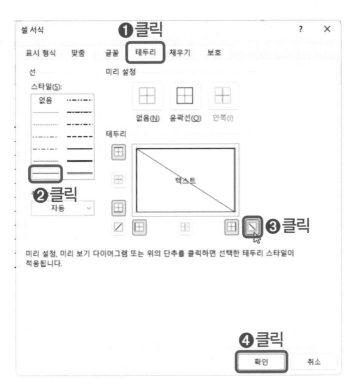

실습2 맞춤과 글꼴 서식 지정하기

[병합하고 가운데 맞춤 🔲] 도구를 이용하여 제목을 데이터의 중앙에 배치할 수 있습니다. 글꼴 서식을 이용하여 제목과 제목 행/열에 대해 강조하는 서식을 지정할 수 있습니다.

제목에 맞춤 서식 지정하기

1 [B1:G1] 영역을 범위 지정한 후 [홈] 탭의 [맞춤] 그룹에서 [병합하고 가운데 맞춤 🔲] 도구를 클릭합니다.

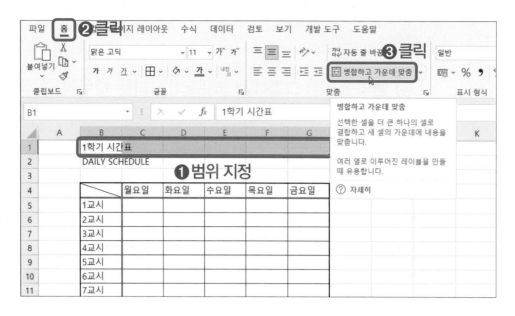

TIP 셀 병합 영역을 잘못 지정한 상태에서 셀 병합을 했을 때는 다시 [병합하고 가운데 맞춤 🖽] 도구를 클릭하여 셀 병합을 해제한 후 새롭게 범위를 지정하여 셀을 병합할 수 있습니다.

② [B2:G2] 영역을 범위 지정한 후 [홈] 탭의 [맞춤] 그룹에서 [병합하고 가운데 맞춤 🖽] 도구를 클릭합니다.

가운데 맞춤 서식 지정하기

③ [B4:G13] 영역을 범위 지정한 후 [홈] 탭의 [맞춤] 그룹에서 [가운데 맞춤 ≡] 도구를 클릭합니다.

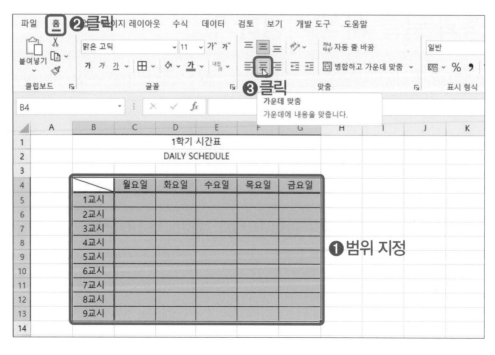

❶ 위쪽 맞춤 : 셀의 위쪽에 텍스트를 표시합니다.

❷ 가운데 맞춤 : 세로 방향에서 셀의 가운데에 텍스트를 표시합니다.

❸ 아래쪽 맞춤 : 셀의 아래쪽에 텍스트를 표시합니다.

❹ 방향 : 대각선 또는 세로 방향으로 텍스트를 회전합니다.

	A	B	C	D	E	F	G	H
1								
2		위쪽 맞춤	가운데 맞춤	아래쪽 맞춤	방향(세로쓰기)	방향(텍스트 위로 회전)	방향(텍스트 아래로 회전)	
3		엑셀2021	엑셀2021	엑셀2021	엑셀2021	엑셀2021	엑셀2021	
4								

❺ 왼쪽 맞춤 : 왼쪽에 텍스트를 표시합니다.

❻ 가운데 맞춤 : 가로 방향에서 가운데에 텍스트를 표시합니다.

❼ 오른쪽 맞춤 : 오른쪽에 텍스트를 표시합니다.

❽ 내어쓰기 : 셀의 테두리와 텍스트 사이의 여백을 줄입니다.

❾ 들여쓰기 : 셀의 테두리와 텍스트 사이의 여백을 늘립니다.

	A	B	C	D	E	F	G
1							
2		왼쪽 맞춤	가운데 맞춤	오른쪽 맞춤	내어쓰기	들여쓰기	
3		엑셀2021	엑셀2021	엑셀2021	엑셀2021	엑셀2021	
4							

❿ 텍스트 줄 바꿈 : 한 셀에 여러 줄로 텍스트를 표시하여 모든 내용을 표시합니다.

⓫ 병합하고 가운데 맞춤 : 범위 지정한 영역을 셀 병합하여 하나의 셀로 표시하고 텍스트는 가운데에 표시합니다.

⓬ 추가 옵션 : [셀 서식] 대화상자의 [맞춤] 탭을 나타냅니다.

	A	B	C	D	E	F
1						
2		텍스트 줄 바꿈	병합히고 가운데 맞춤			
3		엑셀2021에서 텍스트 줄 바꿈은 한 셀에 여러 줄의 텍스트를 입력할 수 있습니다.	엑셀2021			
4						

제목에 글꼴 서식 지정하기

④ [B1] 셀을 클릭한 후 [홈] 탭의 [글꼴] 그룹에서 **글꼴(HY헤드라인M), 크기(22), 글꼴 스타일(굵게), 색(녹색, 강조 6, 50% 더 어둡게)** 서식을 지정합니다.

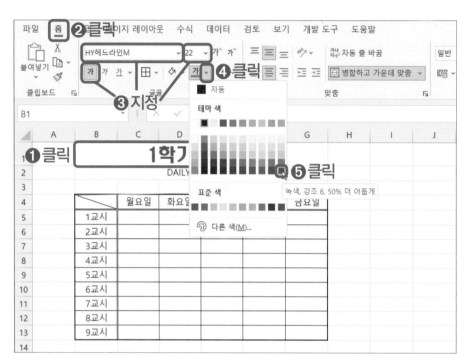

⑤ [B2] 셀을 클릭한 후 [홈] 탭의 [글꼴] 그룹에서 **글꼴(HY목각파임B), 크기(14), 글꼴 스타일(굵게), 색(흰색, 배경 1, 50% 더 어둡게)** 서식을 지정합니다.

 **TIP** [셀 서식] 대화상자를 실행하는 방법

- 마우스 오른쪽 단추 : [셀 서식]
- 바로가기 키 : Ctrl + 1 키
- 리본 메뉴 : [홈] 탭의 [글꼴], [맞춤], [표시 형식] 그룹에 오른쪽 하단의 [추가 옵션 ↘]

내용에 글꼴 서식 지정하기

⑥ [B4:G4] 영역을 범위 지정한 후 Ctrl 키를 누른 상태에서 [B5:B13] 영역을 범위 지정하고, [홈] 탭의 [글꼴] 그룹에서 **[굵게 가]** 도구를 클릭한 후 **[채우기 색 ◇]** 도구를 클릭하여 **[황금색, 강조 4, 80% 더 밝게]**를 클릭합니다.

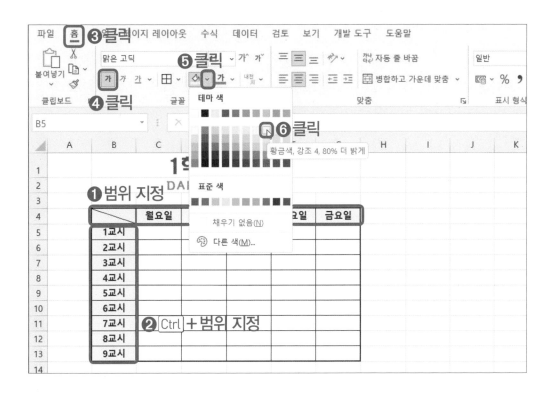

 떨어져 있는 영역은 Ctrl 키를 이용하여 범위를 지정합니다.

 **[글꼴] 그룹**

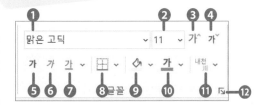

❶ 글꼴 : 글꼴 이름을 변경합니다.

❷ 글꼴 크기 : 글꼴의 크기를 변경합니다.

❸ 글꼴 크기 크게 : 글꼴의 크기를 크게 합니다.

❹ 글꼴 크기 작게 : 글꼴의 크기를 작게 합니다.

❺ 굵게 : 텍스트를 굵게 표시합니다.

❻ 기울임꼴 : 텍스트를 비스듬하게 표시합니다.

❼ 밑줄 : 텍스트 아래에 밑줄이나 이중 밑줄을 표시합니다.

	굵게	기울임꼴	밑줄	밑줄(이중 밑줄)
	엑셀2021	*엑셀2021*	엑셀2021	엑셀2021

❽ 테두리 : 셀에 테두리를 적용합니다.

❾ 채우기 색 : 셀에 배경색을 지정합니다.

❿ 글꼴 색 : 텍스트 색을 변경합니다.

⑪ 윗주 필드 표시/숨기기 : 윗주를 표시하거나 숨깁니다. 윗주는 셀의 항목에 대한 설명을 남길 때 사용하는 것으로, 주로 같은 이름의 항목이 두 개 있을 경우 각각을 한자나 영어로 구분해 주는 등 다국어 기능을 지원하기 위해 사용합니다.

⑫ 추가 옵션 : [셀 서식] 대화상자의 [글꼴] 탭을 나타냅니다.

 3 행 높이와 열 너비를 조절하고 행 삽입하기

하나의 행이나 열 너비를 조절하는 방법과 여러 행 또는 여러 열을 한꺼번에 조절하는 방법을 알아보고, 중간에 행이나 열을 삽입하는 방법을 알아봅니다.

행 높이 조절하기

1 행 머리글 1행을 마우스 오른쪽 버튼을 클릭하여 [행 높이] 메뉴를 클릭합니다.

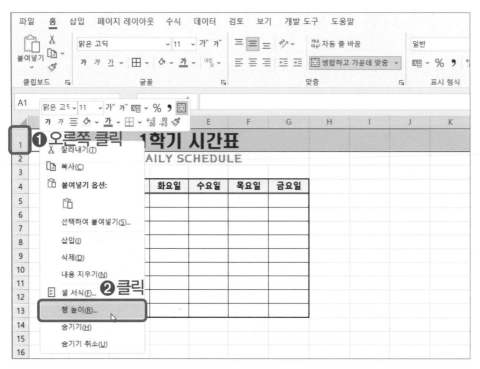

TIP 행 높이를 숫자 값을 이용하여 조절하고자 할 때 [행 높이]를 이용합니다.

② [행 높이] 대화상자에서 『35』를 입력하고 [확인] 단추를 클릭합니다.

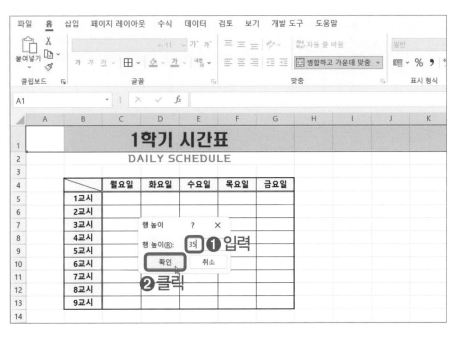

열 너비 조절하기

③ 열 머리글 A와 B 경계라인에 마우스 포인트를 두어 양쪽 화살표(↔)일 때 드래그하여 열 너비를 직접 조절합니다.

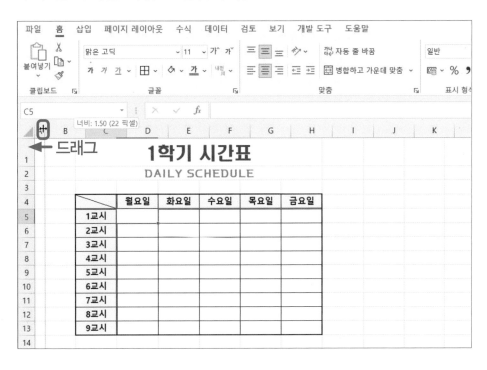

④ **열 머리글 C열에서 G열까지 드래그하여 범위를 지정한 후 G와 H 경계라인에서 드래그하여 열 너비를 직접 조절합니다.**

여러 행 높이 조절하기

⑤ **행 머리글 4행에서 13행까지 드래그하여 범위를 지정한 후 13행과 14행 경계라인에서 드래그하여 행 높이를 직접 조절합니다.**

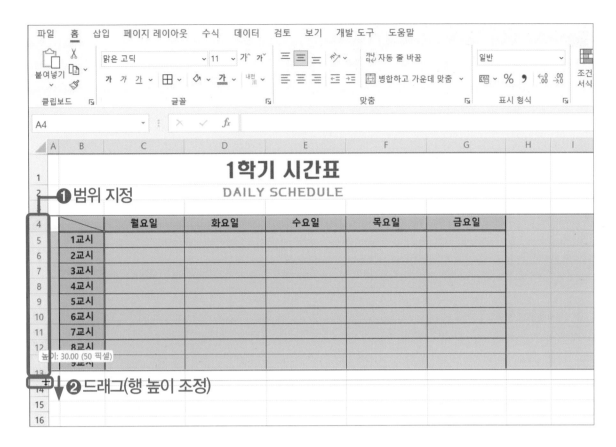

 여러 개의 행을 범위 지정한 후 마우스 오른쪽 버튼을 클릭하고 [행 높이] 메뉴를 클릭하여 높이를 조절할 수 있습니다.

실력쑥쑥 TIP 내용에 맞추어 열 너비 조절

[A1] 셀의 내용이 셀 너비를 초과하면 [B1] 셀에 걸쳐서 표시됩니다. [B1] 셀에 텍스트가 없을 경우 모두 표시되지만, 만약 데이터가 있으면 [A1] 셀의 내용 중 일부만 화면에 표시됩니다.

❶ 열 머리글 A와 B 경계라인에서 더블 클릭합니다.

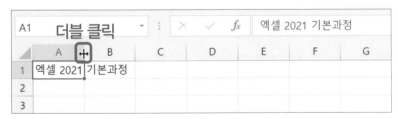

❷ A열 너비가 자동으로 내용에 맞추어 조절됩니다.

행을 삽입하여 추가 데이터 입력하기

6 중간에 행을 삽입하기 위해 행 머리글 8에서 마우스 오른쪽 버튼을 클릭하여 [삽입] 메뉴를 클릭합니다.

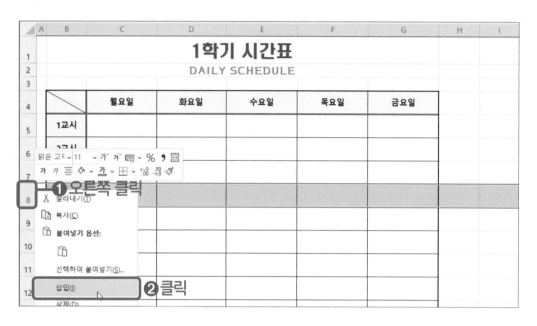

 행 머리글 하나만 선택하여 [삽입]하면 하나의 행을 현재 선택 행 위에 삽입할 수 있습니다. 만약, 행 머리글을 여러 개 선택한 상태에서 [삽입]을 선택하면 여러 개의 행을 삽입할 수 있습니다.

7 불필요한 행을 삭제할 때는 행 머리글(8행)을 클릭한 후 마우스 오른쪽 버튼을 클릭하여 [삭제] 메뉴를 클릭합니다.

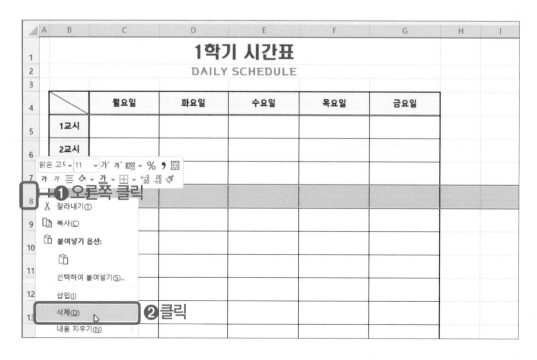

실습4 워크시트 관리하기

동일한 내용을 각각 워크시트에 따라 입력하지 않고 복사해서 사용할 수 있으며, 시트에 이름을 입력하여 워크시트를 효율적으로 관리할 수 있습니다.

시트 이름 바꾸기

1 시트 이름을 바꾸기 위해 'Sheet1'을 더블 클릭합니다.

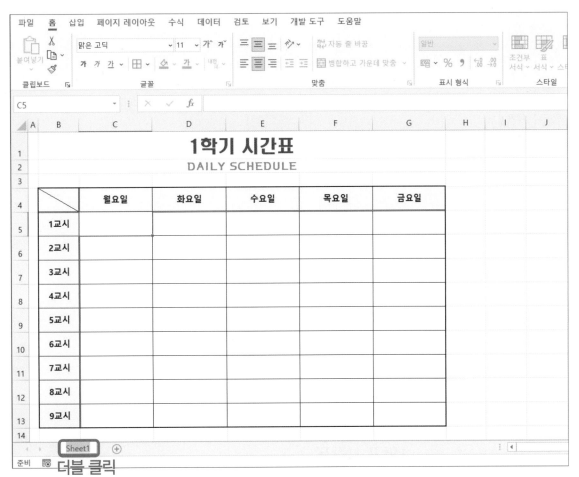

 시트 이름을 바꿀 때는 시트명에서 마우스 오른쪽 버튼을 클릭하고 [이름 바꾸기] 메뉴를 선택하여 수정할 수 있습니다.

2 『1학기』를 입력하고 Enter 키를 누릅니다.

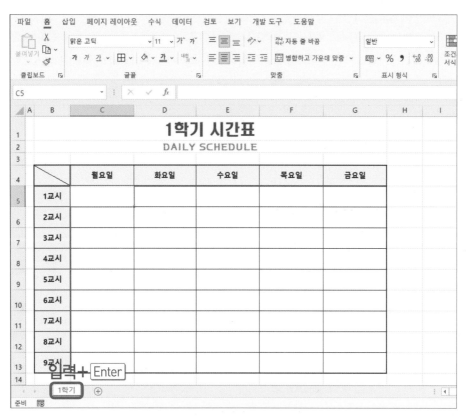

시트 복사하기

3 시트 '1학기'를 선택한 후 Ctrl 키를 누른 상태로 '1학기' 뒤로 드래그합니다.

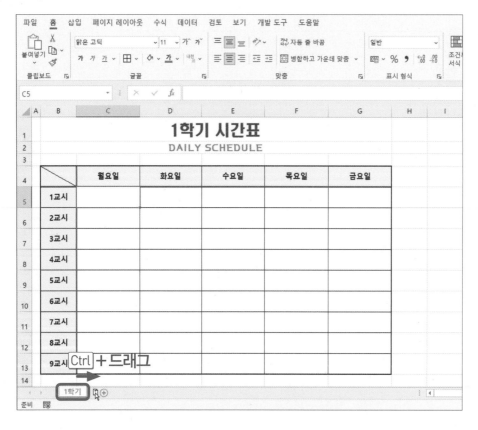

4 시트가 복사되며 시트명이 '1학기 (2)'로 표시됩니다. 시트명을 더블 클릭하여 『2학기』를 입력하고 Enter 키를 누릅니다.

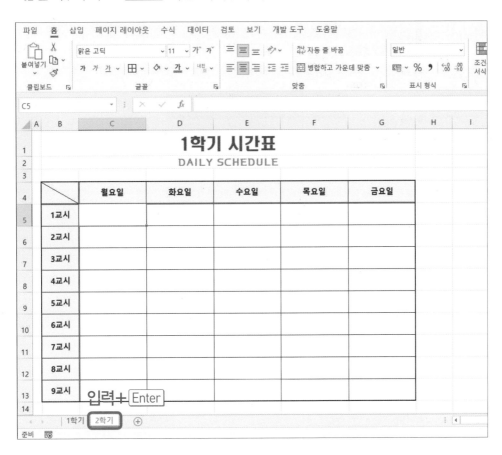

5 [B1] 셀을 클릭한 후 수식 입력줄에서 "1학기"를 "2학기"로 수정합니다.

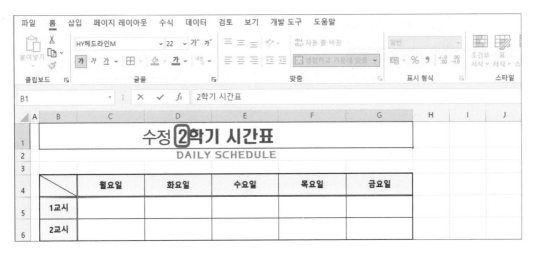

6 [B4:G4] 영역을 범위 지정한 후 Ctrl 키를 누른 상태에서 [B5:B13] 영역을 범위 지정하고, [홈] 탭의 [채우기 색 ] 도구를 클릭하여 [녹색, 강조 6, 80% 더 밝게]를 클릭합니다.

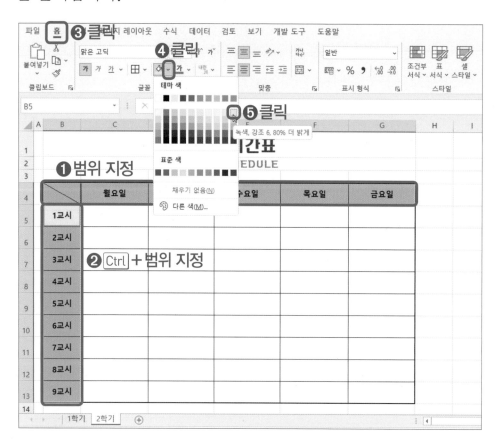

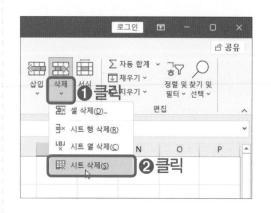

실력쑥쑥 🪴 TIP

⊙ 시트 삭제
[홈] 탭의 [셀] 그룹에서 [삭제]-[시트 삭제]를 클릭하여 시트를 삭제할 수 있습니다. 또는 시트명에서 마우스 오른쪽 버튼을 클릭하여 [삭제] 메뉴를 클릭합니다.

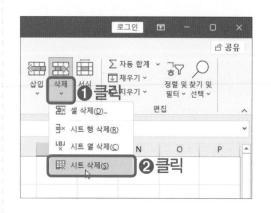

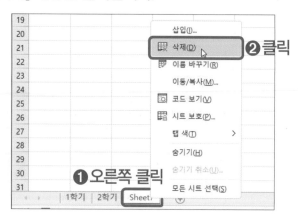

⊙ 시트 삽입

방법1 [홈] 탭의 [셀] 그룹에서 [삽입]-[시트 삽입]을 클릭하여 시트를 삽입할 수 있습니다.

방법2 시트탭 뒤에 ⊕(또는 +)를 클릭하여 시트를 삽입할 수 있습니다.

방법3 시트명에서 마우스 오른쪽 버튼을 클릭하고 [삽입] 메뉴를 클릭하여 삽입할 수 있습니다.

방법4 바로가기 키 : Shift + F11

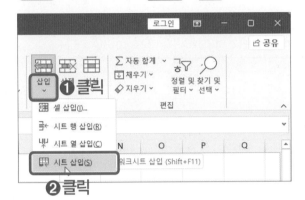

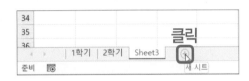

 프로그램 버전이나 업그레이드 상태에 따라 ⊕ 은 + 로 표시되기도 합니다.

1 채우기 핸들을 활용하여 다음과 같이 데이터를 입력하고 테두리 서식을 지정해 봅니다. ('테두리' 시트)

	A	B	C	D	E	F	G	H	I	J	K
1											
2		셔틀 버스 시간표									
3											
4		정거장 시간	서초래미안	2호선 교대역	교육대학 후문	남부터미널	서초우체국	현대아파트	무지개아파트	신동아상가	
5		9:00	9:05	9:10	9:15	9:20	9:25	9:30	9:35	9:40	
6		10:00	10:05	10:10	10:15	10:20	10:25	10:30	10:35	10:40	
7		11:00	11:05	11:10	11:15	11:20	11:25	11:30	11:35	11:40	
8		12:00	12:05	12:10	12:15	12:20	12:25	12:30	12:35	12:40	
9		13:00	13:05	13:10	13:15	13:20	13:25	13:30	13:35	13:40	
10		14:00	14:05	14:10	14:15	14:20	14:25	14:30	14:35	14:40	
11		15:00	15:05	15:10	15:15	15:20	15:25	15:30	15:35	15:40	
12											

Hint!
- [B5] 셀에 『9:00』 시간을 입력하여 [B11] 셀까지 채우기 핸들로 드래그합니다.
- [C5] 셀에 『9:05』 시간을 입력한 후 [B5:C5] 영역을 범위 지정하여 [J5] 셀까지 채우기 핸들로 드래그합니다.
- 한 셀에 두 줄을 입력할 때는 Alt + Enter 키를 활용할 수 있습니다.
- 테두리 서식을 지정할 셀 또는 범위를 지정한 후 [홈] 탭의 [글꼴] 그룹에서 [테두리] 도구를 이용합니다. 대각선은 [테두리]−[다른 테두리]를 이용해 지정할 수 있습니다.

2 다음과 같이 서식을 지정해 봅니다. ('맞춤, 글꼴, 너비, 높이' 시트)

- 제목 : [B2:J2] 영역에 병합하고 가운데 맞춤, 굴림체, 크기(16), 채우기 색(진한 파랑), 글꼴 색(흰색)
- 제목 행 : [B4:J4] 영역은 글꼴 '굵게', 채우기 색(파랑, 강조 5, 80% 더 밝게), 가운데 맞춤
- 본문 : [B5:J11] 영역은 가운데 맞춤
- 열 너비 : C열~J열의 너비는 '12', A열의 너비는 '1'
- 행 높이 : 2행은 '30', 5행~11행의 높이는 '25'

	A	B	C	D	E	F	G	H	I	J	K
1											
2		셔틀 버스 시간표									
3											
4		정거장 시간	서초래미안	2호선 교대역	교육대학 후문	남부터미널	서초우체국	현대아파트	무지개아파트	신동아상가	
5		9:00	9:05	9:10	9:15	9:20	9:25	9:30	9:35	9:40	
6		10:00	10:05	10:10	10:15	10:20	10:25	10:30	10:35	10:40	
7		11:00	11:05	11:10	11:15	11:20	11:25	11:30	11:35	11:40	
8		12:00	12:05	12:10	12:15	12:20	12:25	12:30	12:35	12:40	
9		13:00	13:05	13:10	13:15	13:20	13:25	13:30	13:35	13:40	
10		14:00	14:05	14:10	14:15	14:20	14:25	14:30	14:35	14:40	
11		15:00	15:05	15:10	15:15	15:20	15:25	15:30	15:35	15:40	
12											

- [홈] 탭의 [글꼴] 그룹을 이용하여 맞춤 서식, 글꼴 서식을 지정할 수 있습니다.
- 행의 높이, 열의 너비는 같은 값을 지정할 영역을 한꺼번에 범위 지정한 후 행 머리글, 열 머리글에서 마우스 오른쪽 버튼을 클릭하여 [행 높이], [열 너비] 값을 지정합니다.

3 채우기 핸들을 활용하여 다음과 같이 데이터를 입력하고 테두리 서식을 지정해 봅니다. ('년간일정표' 시트)

- 제목 : [B2:E2] 영역에 병합하고 가운데 맞춤, 글꼴 '굵게', HY엽서M, 크기(16), 채우기 색(녹색, 강조 6)
- 제목 행 : [B4:E4] 영역은 글꼴 '굵게', 채우기 색(녹색, 강조 6, 80% 더 밝게), 가운데 맞춤
- 본문 : [B5:D16] 영역은 가운데 맞춤
- 열 너비 : A열의 너비는 '1', E열의 너비는 '60'
- 행 높이 : 2행은 '40', 4행~16행의 높이는 '25'

월(月)		분기	주요일정
1월	Jan		
2월	Feb	1사분기	
3월	Mar		
4월	Apr		
5월	May	2사분기	
6월	Jun		
7월	Jul		
8월	Aug	3사분기	
9월	Sep		
10월	Oct		
11월	Nov	4사분기	
12월	Dec		

◐ 년간 일정표 만들기 ◐

Hint!
- 기호는 한글 자음 『ㅁ』을 입력한 후 [한자] 키를 눌러 선택할 수 있습니다.
- 한자는 한글 뒤에 커서를 두고 [한자] 키를 눌러 입력 형태에 따라 한자, 한글(漢字), 漢字(한글)로 표시할 수 있습니다.
- [B5] 셀에 『1월』 날짜를 입력하여 [B16] 셀까지 채우기 핸들로 드래그합니다.
- [C5] 셀에 『Jan』 날짜를 입력한 후 [C16] 셀까지 채우기 핸들로 드래그합니다.
- [D5:D7] 영역을 [병합하고 가운데 맞춤 🖽] 도구를 클릭하여 병합한 후에 『1사분기』를 입력하고, [D16] 셀까지 채우기 핸들로 그래그합니다.
- 테두리 서식을 지정할 셀 또는 범위를 지정한 후 [홈] 탭의 [글꼴] 그룹에서 [테두리] 도구를 이용합니다. 대각선은 [테두리]-[다른 테두리]를 이용해 지정할 수 있습니다.

4 다음과 같이 데이터를 입력하고 테두리 서식을 지정해 봅니다. ('예방접종1' 시트)

	A	B	C	D	E	F	G	H	I	J	K	L
1	우리 아이 예방 접종 스케줄											
2												
3	태명		행복이		생년월일							
4	종류			1차								
5		결핵(B.C.G)	접종일									
6			접종 기간	생후		일						
7			접종 예정일									
8												

> **Hint!** 테두리는 [홈] 탭의 [글꼴] 그룹에서 [테두리]의 [모든 테두리]를 클릭합니다.

5 다음과 같이 서식을 지정해 봅니다. ('예방접종2' 시트)

- 제목 : [A1:R1] 영역에 병합하고 가운데 맞춤, HY엽서M, 크기(20), 굵게, 채우기 색(녹색, 강조 6), 글꼴 색(흰색)

- 셀 병합 : [A3:B3], [E3:G3], [H3:J3], [A4:C4], [D4:F4], [A5:A7], [B5:B7], [D5:F5], [D7:F7]

- 텍스트 : 가운데 맞춤

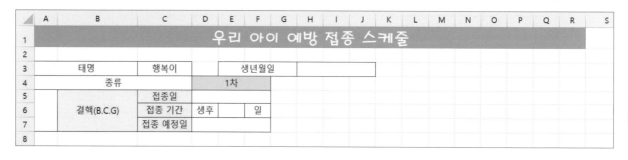

> **Hint!** Ctrl 키를 이용하여 떨어져 있는 영역을 한꺼번에 범위 지정하고 [병합하고 가운데 맞춤 ▦] 도구를 클릭합니다.

6 다음과 같이 서식을 복사한 후 데이터를 수정하고, 시트를 복사한 후 시트명을 수정해 봅니다.

– [A5:A22] 영역은 셀 병합, 텍스트 방향은 '세로 방향'

– '시트명'을 '행복이'로 수정하고, 시트를 복사하여 '사랑이', '우람이'로 수정

우리 아이 예방 접종 스케줄

태명	행복이		생년월일														
종류			**1차**			**2차**			**3차**			**4차**			**5차**		

기본접종	결핵(B.C.G)	접종일																
		접종 기간	생후	28	일	생후		일	생후		일	생후		일	생후		일
		접종 예정일																
	B형 간염	접종일																
		접종 기간	생후	0	일	생후	30	일	생후	180	일	생후		일	생후		일
		접종 예정일																
	DTaP (디프테리아, 파상풍, 백일해)	접종일																
		접종 기간	생후	60	일	생후	120	일	생후	180	일	생후	540	일	생후	1440	일
		접종 예정일																
	폴리오 IPV	접종일																
		접종 기간	생후	60	일	생후	120	일	생후	180	일	생후	1440	일	생후		일
		접종 예정일																
	Hib(뇌수막염)	접종일																
		접종 기간	생후	60	일	생후	120	일	생후	180	일	생후	360	일	생후		일
		접종 예정일																
	수두	접종일																
		접종 기간	생후	360	일	생후		일	생후		일	생후		일	생후		일
		접종 예정일																

시트 탭: 행복이 | 사랑이 | 우람이

Hint!

- [D4] 셀을 선택한 후 채우기 핸들을 이용하여 [R4] 셀까지 드래그합니다.
- [D5:F7] 영역을 범위 지정한 후 Ctrl 키를 누른 상태에서 채우기 핸들을 이용하여 [R7] 셀까지 드래그합니다.
- [A5:R7] 영역을 범위 지정한 후 Ctrl 키를 누른 상태에서 채우기 핸들을 이용하여 [R22] 셀까지 드래그합니다.
- 시트명을 더블 클릭하여 '행복이'로 수정한 후 시트명을 Ctrl 키를 누른 채 드래그하여 시트를 복사한 후 시트명을 수정합니다.

04장 나만의 문서 꾸미기

 좀 더 다양한 서식을 지정하기 위해 사용자 지정 서식을 사용하는 방법을 익히고 코드를 사용하여 직접 서식을 지정해 봅니다. 셀 스타일, 표 스타일을 이용하여 서식을 지정해 봅니다.

완성파일 미리보기

무료 동영상

◎ 예제 파일 : 나만의 서식.xlsx
◉ 완성 파일 : 나만의 서식(결과).xlsx

관리번호	프로그램명	강사명	강의실명	시작일자	등록비용	등록정원	등록자수	등록률
			성안시민 문화 아카데미 등록현황					
문화-01	노래하는 멋진 세상	김연자 강사	소강당	3/2(일)	35,000	20	18	90%
문화-02	뮤지컬 감상	변학도 강사	멀티미디어실	3/3(월)	30,000	15	12	80%
문화-03	신나는 고고장구	정글북 강사	뮤직홀 1	3/2(일)	40,000	12	9	75%
문화-04	덩더쿵 우리춤	심청이 강사	뮤직홀 2	3/3(월)	35,000	12	8	67%
문화-05	색소폰과 우리가요	봉필립 강사	뮤직홀 3	3/4(화)	45,000	15	14	93%
문화-06	밸리댄스 배우기	세레나김 강사	무용실 1	3/5(수)	40,000	12	7	58%
문화-07	택견 체조	홍길동 강사	무용실 2	3/9(일)	30,000	10	6	60%
문화-08	우리 멋 옷 만들기	앙드레 강사	201호	3/2(일)	55,000	10	8	80%
문화-09	문인화	김홍도 강사	202호	3/2(일)	35,000	20	14	70%
문화-10	아름다운 손글씨	한석봉 강사	203호	3/3(월)	40,000	20	16	80%
문화-11	풍수지리와 명당	송강호 강사	204호	3/2(일)	35,000	12	11	92%
문화-12	우리동네 바리스타	스벅스 강사	요리실 1	3/3(월)	45,000	15	15	100%
문화-13	팔도음식 만들기	마복남 강사	요리실 2	3/5(수)	50,000	12	12	100%
문화-14	지중해식 요리세상	미슐랭 강사	요리실 3	3/9(일)	55,000	10	10	100%
문화-15	매일매일 빵만들기	김탁구 강사	요리실 4	3/4(화)	45,000	15	14	93%

체크포인트

실습1 표시 형식을 이용하여 좀 더 쉽게 이해할 수 있는 서식을 지정해 봅니다.

실습2 셀 스타일과 표 서식을 이용하여 문서를 꾸며 봅니다.

실습3 인쇄 미리 보기를 통해 내가 만든 문서의 인쇄하기 전 상태를 확인합니다.

실습 1 표시 형식 활용하기

문자, 날짜, 요일, 숫자 데이터에 서식을 지정하면 좀 더 이해하기 쉽게 표시할 수 있으며, 사용자 지정 서식을 이용하여 다양한 서식을 지정할 수 있습니다.

천 단위 구분 기호 표시하기

❶ [F4:F18] 영역을 범위 지정한 후 [홈] 탭의 [표시 형식] 그룹에서 [쉼표 스타일 ⟶] 도구를 클릭합니다.

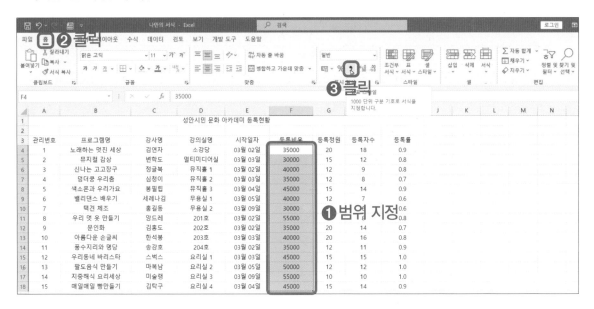

백분율 표시하기

❷ [I4:I18] 영역을 범위 지정한 후 [홈] 탭의 [표시 형식] 그룹에서 [백분율 스타일 %] 도구를 클릭합니다.

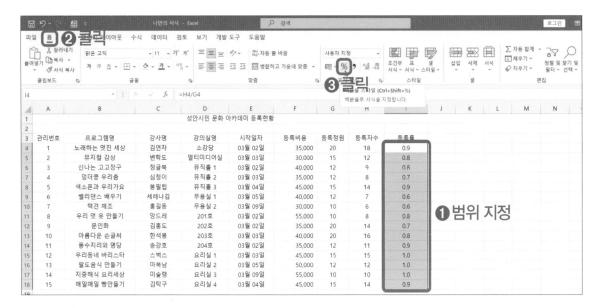

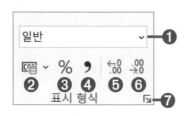

실력쑥쑥 TIP [표시 형식] 그룹

❶ 표시 형식 : 일반, 숫자, 통화, 간단한 날짜, 시간, 백분율 등을 선택하여 지정할 수 있습니다.

❷ 회계 표시 형식 : 화폐 기호(₩, ¥, ₡, £ 등)와 천 단위 구분 기호(,)를 표시합니다.

	A	B	C	D	E	F	G	H
1								
2		한국어	영어(미국)	영어(영국)	유로	일본어	중국어	
3	10000	₩ 10,000.00	$ 10,000.00	£ 10,000.00	€ 10,000.00	¥ 10,000.00	¥ 10,000.00	
4								

❸ 백분율 스타일 : 셀 값에 곱하기 100을 하여 백분율 기호(%)와 함께 표시합니다.

❹ 쉼표 스타일 : 천 단위 구분 기호(,)를 표시합니다.

❺ 자릿수 늘림 : 소수 이하 자릿수를 늘려 표시합니다.

❻ 자릿수 줄임 : 소수 이하 자릿수를 줄여 표시합니다.

	A	B	C	D	E
1					
2			자릿수 늘림	자릿수 줄임	
3		8.75	8.750	8.8	
4					

❼ 추가 옵션 : [셀 서식] 대화상자의 [표시 형식] 탭을 나타냅니다.

날짜에 서식 지정하기

❸ [E4:E18] 영역을 범위 지정한 후 [홈] 탭의 [표시 형식] 그룹에서 오른쪽 하단의 [추가 옵션 ⬒] 도구를 클릭합니다.

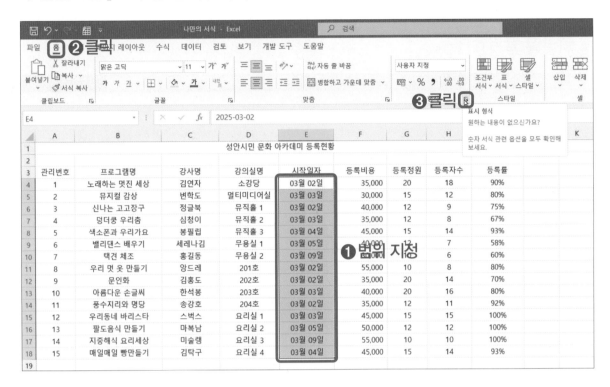

TIP [셀 서식] 대화상자를 표시하는 방법은 범위 안에서 마우스 오른쪽 버튼을 클릭하여 [셀 서식] 메뉴를 선택하거나, 바로가기 키 Ctrl + 1 키로도 가능합니다.

❹ [셀 서식] 대화상자의 [표시 형식] 탭에서 '날짜'를 선택하고 '형식'에서 『3/14』를 선택하고 [확인] 단추를 클릭합니다.

요일 표시하기

5 [E4:E18] 영역을 범위 지정한 후 [홈] 탭의 [표시 형식] 그룹에서 오른쪽 하단의 [추가 옵션 ⌐] 도구를 클릭합니다. [셀 서식] 대화상자의 [표시 형식] 탭에서 '**사용자 지정**'을 선택하고 '형식'의 『m"/"d:@』에서 :@를 지우고 『aaa』를 입력한 후 [확인] 단추를 클릭합니다.

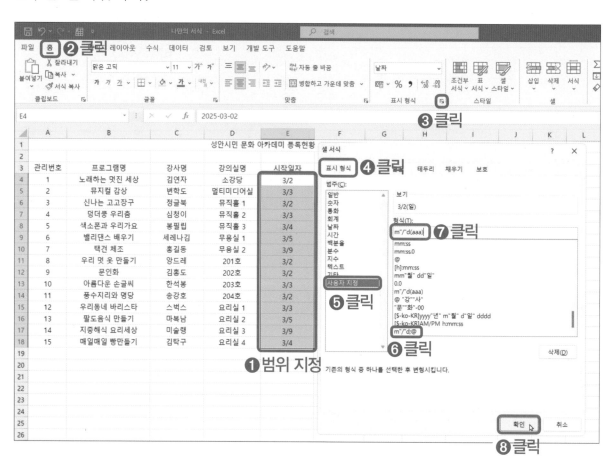

실력쑥쑥 **TIP** 날짜에 사용되는 코드

코드	의미	코드	의미
yy	연도를 2자리로 표시(25)	d	일을 1자리로 표시(1~31)
yyyy	연도를 4자리로 표시(2025)	dd	일을 2자리로 표시(01~31)
m	월을 1자리로 표시(1~12)	ddd	요일을 Mon~Sun로 표시
mm	월을 2자리로 표시(01~12)	dddd	요일을 Monday~Sunday로 표시
mmm	월을 3자리로 표시(Jan~Dec)	aaa	요일을 월~일로 표시
mmmm	월을 January~December로 표시	aaaa	요일을 월요일~일요일로 표시

이름 뒤에 '강사'를 붙여 표시하기

6 [C4:C18] 영역을 범위 지정한 후 [홈] 탭의 [표시 형식] 그룹에서 오른쪽 하단의 [추가 옵션 ⌐] 도구를 클릭합니다. [셀 서식] 대화상자의 [표시 형식] 탭에서 '사용자 지정'을 선택하고 '형식'에 『@ "강사"』를 입력한 후 [확인] 단추를 클릭합니다.

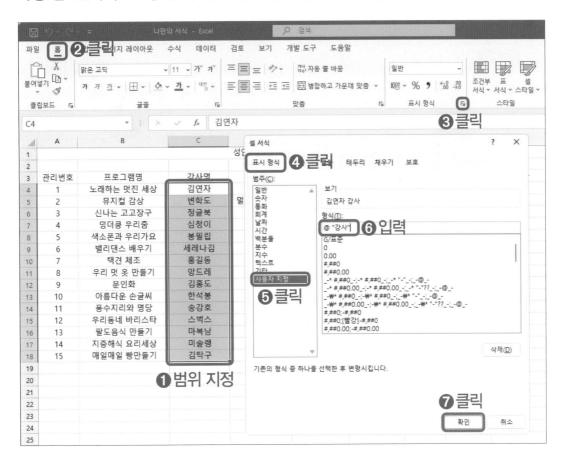

실력쑥쑥 TIP 서식 코드

코드	의미	사용 예	결과
@	문자를 대신하는 기호	@ "귀하"	김하늘 → 김하늘 귀하
#	숫자를 대신하는 기호 (필요 없는 자리는 생략)	#,###	12000 → 12,000
0	숫자를 대신하는 기호 (자릿수에 숫자 0으로 표시)	0.0	12 → 12.0
,	1,000 단위 구분 기호 표시	#,##0	0 → 0 5000 → 5,000
" "	임의의 문자열 삽입	#,##0"원"	7500 → 7,500원

관리번호에 '문화-'를 붙여서 표시하기

⑦ [A4:A18] 영역을 범위 지정한 후 [홈] 탭의 [표시 형식] 그룹에서 오른쪽 하단의 [추가 옵션 ⑤] 도구를 클릭합니다. [셀 서식] 대화상자의 [표시 형식] 탭에서 '사용자 지정'을 선택하고 '형식'에 『"문화-"00』을 입력한 후 [확인] 단추를 클릭합니다.

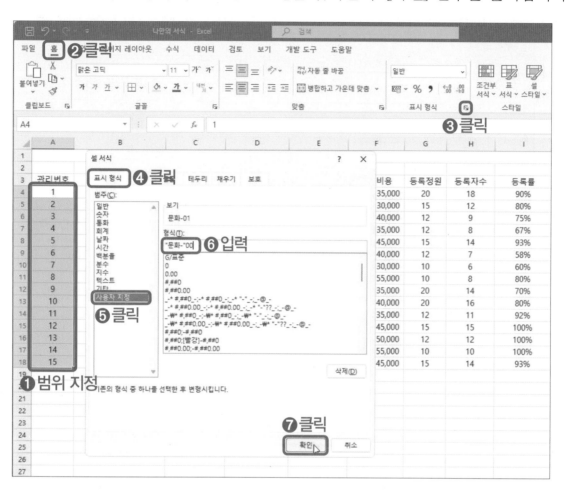

 셀 스타일과 표 서식 적용하기

다양한 서식이 적용된 셀 스타일과 표를 좀 더 편하게 관리할 수 있는 표 서식을 이용하여 워크시트를 쉽게 꾸밀 수 있습니다.

제목에 셀 스타일 적용하기

① [A1] 셀을 선택한 후 [홈] 탭의 [스타일] 그룹에서 [셀 스타일 ⑦] 도구를 클릭하고, 셀 스타일의 '제목 및 머리글'에서 '제목'을 선택합니다.

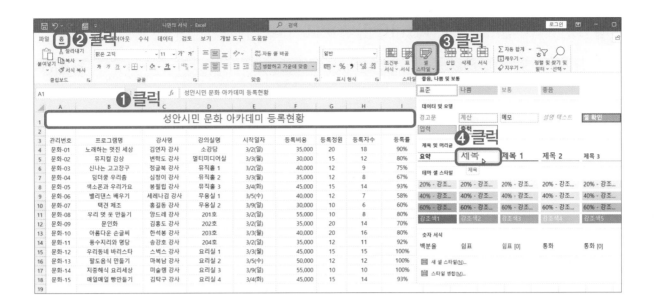

 TIP 셀 스타일에서 가장 왼쪽 상단의 [표준]을 선택하면 셀 스타일과 모든 셀 서식을 지울 수 있습니다.

표 서식 지정하기

2 [A3] 셀을 선택한 후 [홈] 탭의 [스타일] 그룹에서 [표 서식 📝] 도구를 클릭하고, 표 서식의 '중간'에서 '녹색, 표 스타일 보통 7'을 선택합니다.

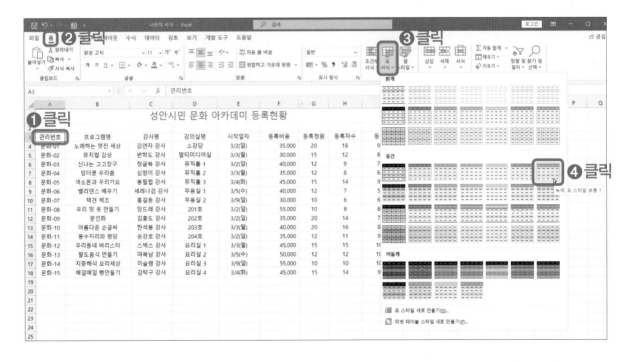

❸ [표 서식] 대화상자에 [A3:I18] 영역이 표시되면 [확인] 단추를 클릭합니다.

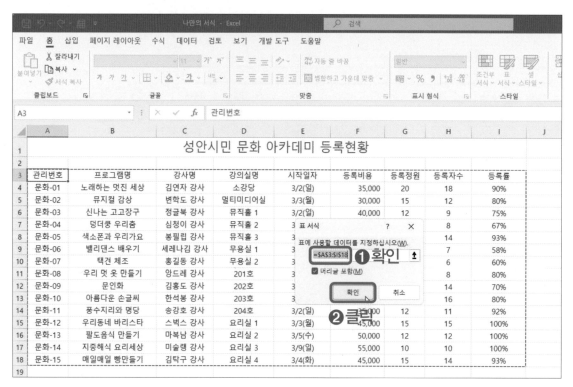

🌱 TIP **표 서식**

- [A19] 셀에서 데이터를 추가하면 자동으로 같은 서식으로 적용됩니다.
- 제목 행[A3:I3]에서 [목록 단추 ▾]를 클릭하여 데이터를 정렬하거나 필요한 데이터를 쉽게 실행할 수 있습니다.

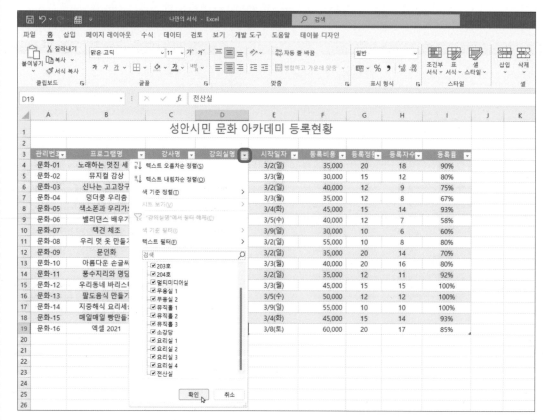

표를 범위로 변환하기

❹ [A3] 셀을 선택한 후 [테이블 디자인] 탭의 [도구] 그룹에서 [범위로 변환 🖳] 도구를 클릭합니다.

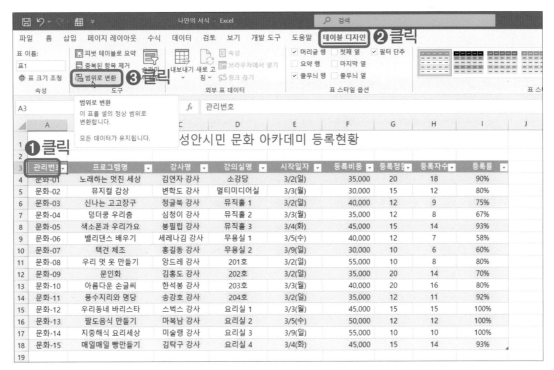

 TIP

표 서식을 지정하면 데이터를 추가할 때 자동으로 서식이 지정되고, 필터 기능을 이용하여 정렬과 필요한 데이터를 추출할 수 있는 장점이 있습니다. 하지만 표 서식 안에서 셀을 병합하거나 셀을 삽입, 삭제할 수 없는 불편함이 있습니다. 셀 병합이나 셀 삽입, 삭제하고자 할 때는 표를 정상 범위로 변환해야 합니다.

❺ 화면의 대화상자에서 [예] 단추를 클릭합니다.

6 다음과 같이 정상 범위로 변환됩니다.

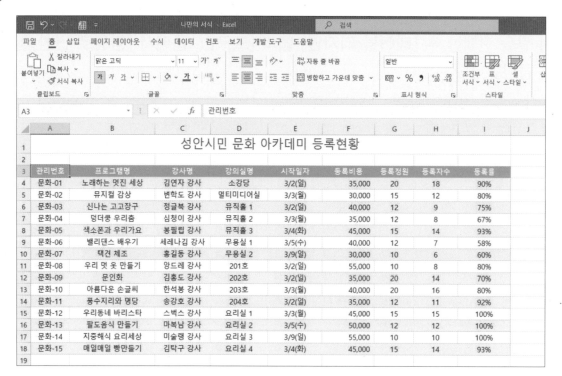

인쇄 미리 보기

내가 작성한 내용을 인쇄했을 때 어떻게 인쇄될 것인지를 인쇄 미리 보기를 통해 미리 확인할 수 있으며, 또한 용지의 방향과 여백 등을 지정할 수 있습니다.

인쇄 미리 보기

1 [파일] 탭의 [인쇄]를 클릭합니다.

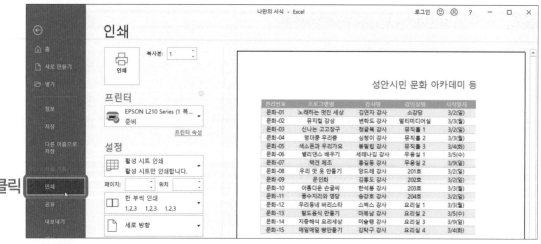

용지 방향 바꾸기

2 용지 방향에서 '**가로 방향**'을 클릭합니다.

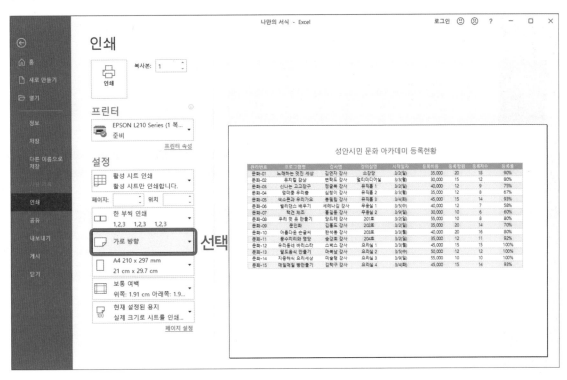

페이지 설정

3 인쇄 내용을 가로 가운데에 배치하기 위해 [페이지 설정]을 클릭한 후 [여백] 탭을 클릭하여 '**페이지 가운데 맞춤**'의 [가로]에 체크하고 [확인] 단추를 클릭합니다.

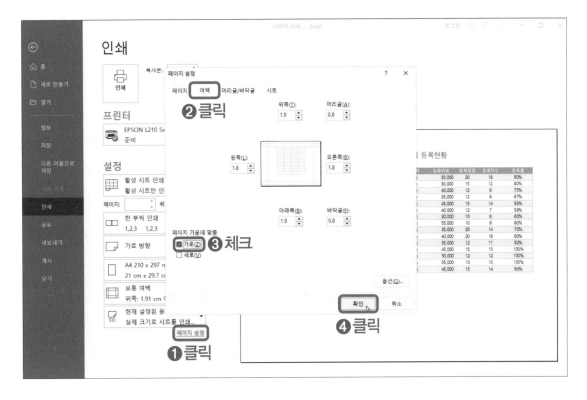

용지 여백을 좁게 하기

④ 여백을 클릭하여 '좁게'를 클릭합니다.

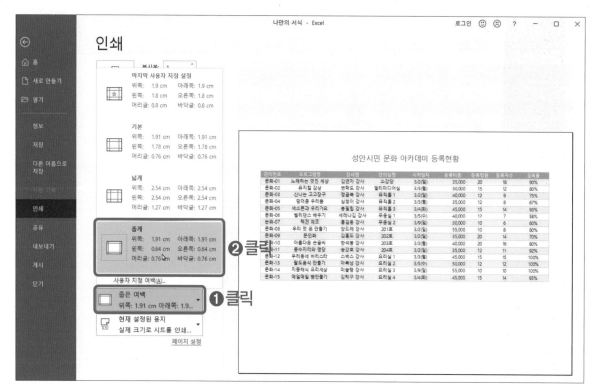

 TIP 인쇄 미리 보기에서 작업 중인 문서로 돌아가려면 탐색 창의 왼쪽 위에 있는 뒤로가기 화살표(←)를 선택하거나 Esc 키를 누릅니다.

◎ 예제 파일 : 혼자풀어보기(4장).xlsx
◉ 완성 파일 : 혼자풀어보기(4장)-결과.xlsx

1 다음과 같이 사용자 지정 서식을 지정해 보세요.

– 맞춤 서식 : [A3:H18] 영역은 [가운데 맞춤]

– 테두리 서식 : 모든 테두리, 굵은 바깥쪽 테두리, 제목 행[A3:H3] 아래쪽 이중 테두리

– 택배비용[F4:F18] : 회계(한국어), 자릿수 줄임

– 택배발송함 만족도[H4:H18] : 백분율 스타일(%) 표시

관리번호	택배회사	의뢰일자	동호수	발송일자	택배비용	의뢰자	택배발송함 만족도
	성안아파트 1단지 택배발송함 관리대장						
관리번호	택배회사	의뢰일자	동호수	발송일자	택배비용	의뢰자	택배발송함 만족도
1	CJ대한통운	01월 06일	1011206	01월 07일	₩ 3,000	홍길동	80%
2	로젠택배	01월 06일	1031509	01월 06일	₩ 2,000	이몽룡	90%
3	합동택배	01월 06일	1050901	01월 06일	₩ 2,500	변학도	100%
4	쿠팡	01월 06일	1021206	01월 07일	₩ 5,000	심순애	90%
5	롯데택배	01월 07일	1070702	01월 07일	₩ 4,000	남철	100%
6	우체국택배	01월 07일	1050702	01월 09일	₩ 3,000	남성남	70%
7	CJ대한통운	01월 07일	1031509	01월 07일	₩ 2,500	구봉서	100%
8	합동택배	01월 07일	1071608	01월 08일	₩ 5,000	심청	80%
9	우체국택배	01월 08일	1040806	01월 09일	₩ 6,000	김두한	90%
10	쿠팡	01월 08일	1011206	01월 10일	₩ 5,000	김순애	60%
11	CJ대한통운	01월 08일	1080502	01월 08일	₩ 3,500	마복남	100%
12	합동택배	01월 08일	1050705	01월 08일	₩ 4,000	김해자	100%
13	롯데택배	01월 08일	1010504	01월 09일	₩ 3,000	김연자	70%
14	로젠택배	01월 09일	1041305	01월 09일	₩ 10,000	이미자	100%
15	CJ대한통운	01월 09일	1021103	01월 10일	₩ 4,500	김수미	70%

Hint!
- 택배비용 : [회계 표시 형식]을 클릭하여 '한국어' 선택
- 택배발송함 만족도 : [백분율 스타일]을 클릭

2 다음과 같이 사용자 지정 서식을 지정해 보세요.

– 동호수[D4:D18] :
101동 1206호

– 의뢰자[G4:G18] :
의뢰자 이름 뒤에
'님'을 붙여서 표시

관리번호	택배회사	의뢰일자	동호수	발송일자	택배비용	의뢰자	택배발송함 만족도
	성안아파트 1단지 택배발송함 관리대장						
관리번호	택배회사	의뢰일자	동호수	발송일자	택배비용	의뢰자	택배발송함 만족도
1	CJ대한통운	01월 06일	101동 1206호	01월 07일	₩ 3,000	홍길동님	80%
2	로젠택배	01월 06일	103동 1509호	01월 06일	₩ 2,000	이몽룡님	90%
3	합동택배	01월 06일	105동 0901호	01월 06일	₩ 2,500	변학도님	100%
4	쿠팡	01월 06일	102동 1206호	01월 07일	₩ 5,000	심순애님	90%
5	롯데택배	01월 07일	107동 0702호	01월 07일	₩ 4,000	남철님	100%
6	우체국택배	01월 07일	105동 0702호	01월 09일	₩ 3,000	남성남님	70%
7	CJ대한통운	01월 07일	103동 1509호	01월 07일	₩ 2,500	구봉서님	100%
8	합동택배	01월 07일	107동 1608호	01월 08일	₩ 5,000	심청님	80%
9	우체국택배	01월 08일	104동 0806호	01월 09일	₩ 6,000	김두한님	90%
10	쿠팡	01월 08일	101동 1206호	01월 10일	₩ 5,000	김순애님	60%
11	CJ대한통운	01월 08일	108동 0502호	01월 08일	₩ 3,500	마복남님	100%
12	합동택배	01월 08일	105동 0705호	01월 08일	₩ 4,000	김해자님	100%
13	롯데택배	01월 08일	101동 0504호	01월 09일	₩ 3,000	김연자님	70%
14	로젠택배	01월 09일	104동 1305호	01월 09일	₩ 10,000	이미자님	100%
15	CJ대한통운	01월 09일	102동 1103호	01월 10일	₩ 4,500	김수미님	70%

Hint!
- 동호수 : [셀 서식] 대화상자의 사용자 지정에 『000동 0000호』를 입력
- 의뢰자 : [셀 서식] 대화상자의 사용자 지정에 『@님』을 입력

3 다음과 같이 사용자 지정 서식을 지정해 보세요.

- 관리번호[A4:A18] : '25-'를 붙이고 숫자를 2자리로 '25-00'으로 표시
- 발송일자[E4:E18] : 'mm月 dd日' 형식으로 표시

	A	B	C	D	E	F	G	H	I
1	성안아파트 1단지 택배발송함 관리대장								
2									
3	관리번호	택배회사	의뢰일자	동호수	발송일자	택배비용		의뢰자	택배발송함 만족도
4	25-01	CJ대한통운	01월 06일	101동 1206호	01月 07日	₩	3,000	홍길동님	80%
5	25-02	로젠택배	01월 06일	103동 1509호	01月 06日	₩	2,000	이몽룡님	90%
6	25-03	합동택배	01월 06일	105동 0901호	01月 06日	₩	2,500	변학도님	100%
7	25-04	쿠팡	01월 06일	102동 1206호	01月 07日	₩	5,000	심순애님	90%
8	25-05	롯데택배	01월 07일	107동 0702호	01月 07日	₩	4,000	남철님	100%
9	25-06	우체국택배	01월 07일	105동 0702호	01月 09日	₩	3,000	남성남님	70%
10	25-07	CJ대한통운	01월 07일	103동 1509호	01月 07日	₩	2,500	구봉서님	100%
11	25-08	합동택배	01월 07일	107동 1608호	01月 08日	₩	5,000	심청님	80%
12	25-09	우체국택배	01월 08일	104동 0806호	01月 09日	₩	6,000	김두한님	90%
13	25-10	쿠팡	01월 08일	101동 1206호	01月 10日	₩	5,000	김순애님	60%
14	25-11	CJ대한통운	01월 08일	108동 0502호	01月 08日	₩	3,500	마복남님	100%
15	25-12	합동택배	01월 08일	105동 0705호	01月 08日	₩	4,000	김해자님	100%
16	25-13	롯데택배	01월 08일	101동 0504호	01月 09日	₩	3,000	김연자님	70%
17	25-14	로젠택배	01월 09일	104동 1305호	01月 09日	₩	10,000	이미자님	100%
18	25-15	CJ대한통운	01월 09일	102동 1103호	01月 10日	₩	4,500	김수미님	70%
19									

Hint! • 관리번호 : [셀 서식] 대화상자의 사용자 지정에 『"25-"00』을 입력
• 발송일자 : [셀 서식] 대화상자의 사용자 지정에 『mm月 dd日』을 입력

4 다음과 같이 셀 스타일과 표 서식을 지정해 보세요.

- 셀 스타일 : 테마 셀 스타일 '자주, 강조색 4', 글꼴 크기 18
- 표 서식 : '자주, 표 스타일 보통 12'

	A	B	C	D	E	F	G	H	I
1	성안아파트 1단지 택배발송함 관리대장								
2									
3	관리번호	택배회사	의뢰일자	동호수	발송일자	택배비용		의뢰자	택배발송함 만족도
4	25-01	CJ대한통운	01월 06일	101동 1206호	01月 07日	₩	3,000	홍길동님	80%
5	25-02	로젠택배	01월 06일	103동 1509호	01月 06日	₩	2,000	이몽룡님	90%
6	25-03	합동택배	01월 06일	105동 0901호	01月 06日	₩	2,500	변학도님	100%
7	25-04	쿠팡	01월 06일	102동 1206호	01月 07日	₩	5,000	심순애님	90%
8	25-05	롯데택배	01월 07일	107동 0702호	01月 07日	₩	4,000	남철님	100%
9	25-06	우체국택배	01월 07일	105동 0702호	01月 09日	₩	3,000	남성남님	70%
10	25-07	CJ대한통운	01월 07일	103동 1509호	01月 07日	₩	2,500	구봉서님	100%
11	25-08	합동택배	01월 07일	107동 1608호	01月 08日	₩	5,000	심청님	80%
12	25-09	우체국택배	01월 08일	104동 0806호	01月 09日	₩	6,000	김두한님	90%
13	25-10	쿠팡	01월 08일	101동 1206호	01月 10日	₩	5,000	김순애님	60%
14	25-11	CJ대한통운	01월 08일	108동 0502호	01月 08日	₩	3,500	마복남님	100%
15	25-12	합동택배	01월 08일	105동 0705호	01月 08日	₩	4,000	김해자님	100%
16	25-13	롯데택배	01월 08일	101동 0504호	01月 09日	₩	3,000	김연자님	70%
17	25-14	로젠택배	01월 09일	104동 1305호	01月 09日	₩	10,000	이미자님	100%
18	25-15	CJ대한통운	01월 09일	102동 1103호	01月 10日	₩	4,500	김수미님	70%
19									

Hint! • 셀 스타일 : [A1] 셀에서 [홈] 탭의 [스타일] 그룹에서 [셀 스타일]을 클릭합니다.
• 표 서식 : [A3:H18] 영역에 범위 지정한 후 [홈] 탭의 [스타일] 그룹에서 [표 서식]을 클릭합니다.

5 다음과 같이 페이지 설정을 하시오.

- 용지 방향 : 가로
- 여백 : 좁은 여백
- 페이지 가운데 맞춤 : 가로

성안아파트 1단지 택배발송함 관리대장

관리번호	택배회사	의뢰일자	동호수	발송일자	택배비용	의뢰자	택배발송함 만족도
25-01	CJ대한통운	01월 06일	101동 1206호	01月 07日	₩ 3,000	홍길동님	80%
25-02	로젠택배	01월 06일	103동 1509호	01月 06日	₩ 2,000	이몽룡님	90%
25-03	합동택배	01월 06일	105동 0901호	01月 06日	₩ 2,500	변학도님	100%
25-04	쿠팡	01월 06일	102동 1206호	01月 07日	₩ 5,000	심순애님	90%
25-05	롯데택배	01월 07일	107동 0702호	01月 07日	₩ 4,000	남철님	100%
25-06	우체국택배	01월 07일	105동 0702호	01月 09日	₩ 3,000	남성남님	70%
25-07	CJ대한통운	01월 07일	103동 1509호	01月 07日	₩ 2,500	구봉서님	100%
25-08	합동택배	01월 07일	107동 1608호	01月 08日	₩ 5,000	심청님	80%
25-09	우체국택배	01월 08일	104동 0806호	01月 09日	₩ 6,000	김두한님	90%
25-10	쿠팡	01월 08일	101동 1206호	01月 10日	₩ 5,000	김순애님	60%
25-11	CJ대한통운	01월 08일	108동 0502호	01月 08日	₩ 3,500	마복남님	100%
25-12	합동택배	01월 08일	105동 0705호	01月 08日	₩ 4,000	김해자님	100%
25-13	롯데택배	01월 08일	101동 0504호	01月 09日	₩ 3,000	김연자님	70%
25-14	로젠택배	01월 09일	104동 1305호	01月 09日	₩ 10,000	이미자님	100%
25-15	CJ대한통운	01월 09일	102동 1103호	01月 10日	₩ 4,500	김수미님	70%

Hint! [파일]–[인쇄]를 클릭하여 용지 방향, 여백을 지정하고, [페이지 설정]을 클릭하여 [여백] 탭에서 '가로'를 체크하여 페이지 가운데 맞춤을 지정

6 다음과 같이 사용자 지정 서식을 지정해 보세요.

- 표 서식 : [범위로 변환]
- 반복할 행 : 3행

◢	A	B	C	D	E	F	G	H	I
1				성안아파트 1단지 택배발송함 관리대장					
2									
3	관리번호	택배회사	의뢰일자	동호수	발송일자	택배비용	의뢰자	택배발송함 만족도	
4	25-01	CJ대한통운	01월 06일	101동 1206호	01月 07日	₩ 3,000	홍길동님	80%	
5	25-02	로젠택배	01월 06일	103동 1509호	01月 06日	₩ 2,000	이몽룡님	90%	
6	25-03	합동택배	01월 06일	105동 0901호	01月 06日	₩ 2,500	변학도님	100%	
7	25-04	쿠팡	01월 06일	102동 1206호	01月 07日	₩ 5,000	심순애님	90%	
8	25-05	롯데택배	01월 07일	107동 0702호	01月 07日	₩ 4,000	남철님	100%	
9	25-06	우체국택배	01월 07일	105동 0702호	01月 09日	₩ 3,000	남성남님	70%	
10	25-07	CJ대한통운	01월 07일	103동 1509호	01月 07日	₩ 2,500	구봉서님	100%	
11	25-08	합동택배	01월 07일	107동 1608호	01月 08日	₩ 5,000	심청님	80%	
12	25-09	우체국택배	01월 08일	104동 0806호	01月 09日	₩ 6,000	김두한님	90%	
13	25-10	쿠팡	01월 08일	101동 1206호	01月 10日	₩ 5,000	김순애님	60%	
14	25-11	CJ대한통운	01월 08일	108동 0502호	01月 08日	₩ 3,500	마복남님	100%	
15	25-12	합동택배	01월 08일	105동 0705호	01月 08日	₩ 4,000	김해자님	100%	
16	25-13	롯데택배	01월 08일	101동 0504호	01月 09日	₩ 3,000	김연자님	70%	
17	25-14	로젠택배	01월 09일	104동 1305호	01月 09日	₩ 10,000	이미자님	100%	
18	25-15	CJ대한통운	01월 09일	102동 1103호	01月 10日	₩ 4,500	김수미님	70%	
19									

Hint!
- [테이블 디자인] : [도구] 그룹에 '범위로 변환'
- [파일] 탭–[인쇄]–[페이지 설정]–[시트] 탭에서 '반복할 행'

05장

일러스트레이션 도구 활용하기

간단하게 작성된 문서에 도형과 그림, 클립아트, WordArt 삽입으로 시각적인 문서를 만들 수 있습니다. 엑셀에서 제공되는 WordArt 스타일, 도형 스타일을 이용하여 쉽게 문서를 꾸밀 수 있으며, 도형에 색과 다양한 입체적인 효과를 줄 수 있습니다.

완성파일 미·리·보·기

무료 동영상

◎ 예제 파일 : 일러스트레이션.xlsx
◐ 완성 파일 : 일러스트레이션(결과).xlsx

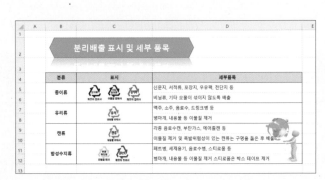

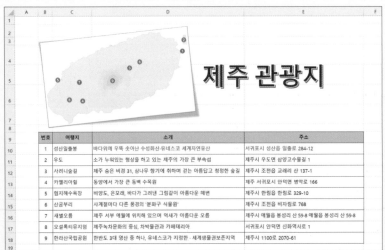

체·크·포·인·트

실습1 WordArt를 이용하여 제목을 입력하고 WordArt 스타일을 이용하여 서식을 지정해 봅니다.

실습2 도형을 이용하여 제목을 입력하고, 관련된 그림을 온라인 그림으로 삽입해 봅니다.

실습3 그림을 삽입하고 서식을 지정해 봅니다.

실습 1 WordArt를 삽입하고 편집하기

WordArt 스타일을 이용하여 제목을 입력하고 글꼴 서식을 지정하여 작성된 표를 좀 더 시각적으로 표현해 봅니다.

WordArt 삽입하여 텍스트 입력하기

1 [삽입] 탭의 [텍스트] 그룹에서 [WordArt ✦] 도구를 클릭하여 '무늬 채우기: 청회색, 어두운 상향 대각선 줄무늬, 진한 그림자'를 선택합니다.

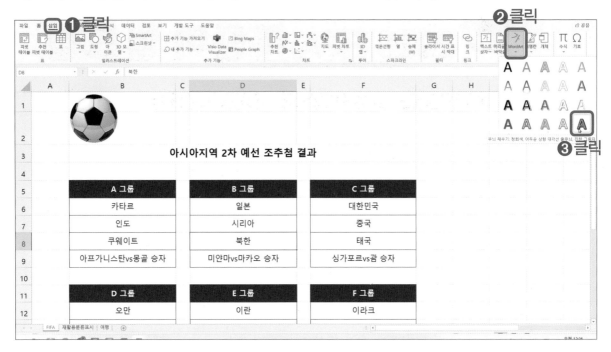

2 '필요한 내용을 적으십시오.'라는 WordArt가 삽입되면 바로 『2026 FIFA 북중미 월드컵』을 입력합니다.

TIP 텍스트를 입력하면 기존에 표시된 '필요한 내용을 적으십시오.'는 없어지고 사용자가 입력된 문구가 표시됩니다.

WordArt 이동과 크기 조절하기

③ WordArt를 선택한 후 시작점을 축구공 이미지 옆에 맞추어 이동합니다.

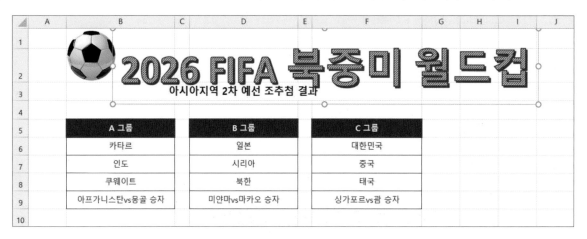

글꼴 서식 바꾸기

④ WordArt를 선택하고 [홈] 탭의 [글꼴] 그룹에서 글꼴은 'HY헤드라인M'을 선택합니다.

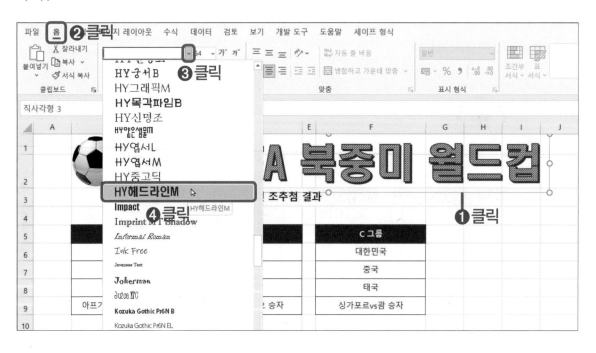

⑤ [홈] 탭의 [글꼴] 그룹에서 [글꼴 크기 작게 가] 도구를 클릭하여 글꼴 크기를 조절하고 적당한 위치로 이동합니다.

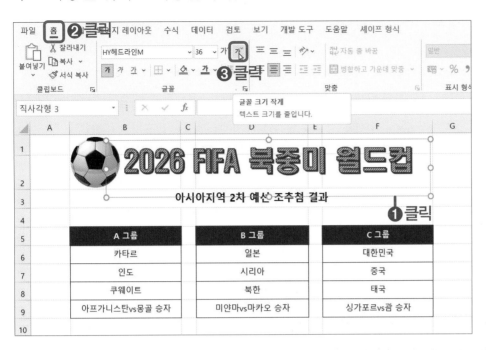

텍스트 효과

⑥ WordArt를 선택한 상태에서 [도형 서식] 탭의 [WordArt 스타일] 그룹에서 [텍스트 효과]–[변환]을 클릭한 후 '팽창: 위쪽'을 선택합니다.

WordArt를 선택한 상태에서 'WordArt' 스타일에서 텍스트 채우기, 텍스트 윤곽선, 텍스트 효과 등을 이용하여 다양한 시각적인 효과를 지정할 수 있습니다.

7 WordArt를 선택한 상태에서 [도형 서식] 탭의 [WordArt 스타일] 그룹에서 [텍스트 효과]-[변환]을 클릭하여 '변환 없음'을 선택하면 변환 효과를 주었던 것을 취소할 수 있습니다.

[텍스트 효과]로 그림자, 반사, 네온 등을 지정한 후 효과를 취소하고 싶을 때는, 각각 효과를 넣었던 곳에서 '그림자 없음' 또는 '반사 없음' 등을 클릭하여 효과를 취소할 수 있습니다.

실습2 도형과 그림 삽입하기

도형을 이용하여 제목을 입체적으로 표현할 수 있고, 내용 전달을 더욱 효과적으로 할 수 있습니다. 문서와 관련된 이미지를 클립아트 또는 그림으로 삽입할 때는 [온라인 그림]을 이용하여 문서에 삽입해 봅니다.

도형 삽입하기

1 '재활용분류표시' 시트에서 [삽입] 탭-[일러스트레이션] 그룹-[도형 〇]을 클릭하여 [기본 도형]의 '육각형'을 선택한 후 [B2:D2] 영역에 드래그하여 그립니다.

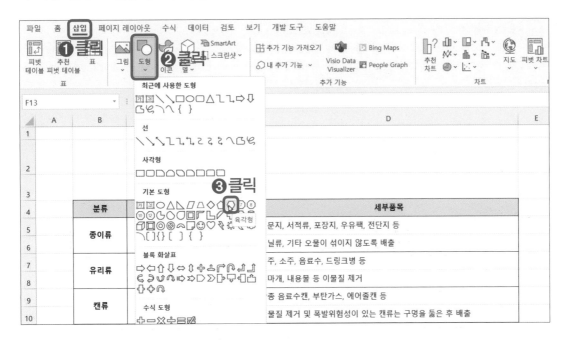

2 [도형 서식] 탭의 [도형 스타일] 그룹에서 [자세히 ▽] 단추를 클릭하고, 도형 스타일에서 '색 채우기-녹색, 강조 6'을 선택합니다.

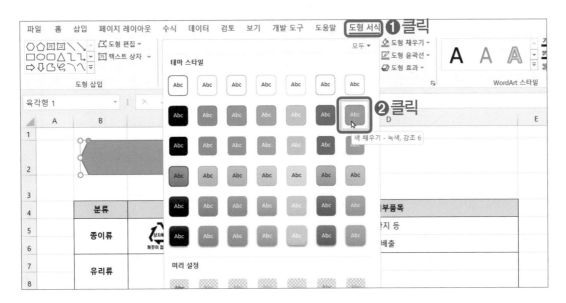

- Shift 키 : 도형의 가로 세로를 동일하게 그립니다. (예) 정사각형, 정원,…)
- Ctrl 키 : 처음 클릭한 부분을 도형의 중심점으로 점점 밖으로 그려집니다.
- Alt 키 : 엑셀에서 셀 눈금선에 맞추어 도형을 그립니다.

❸ 도형을 선택하고 『분리배출 표시 및 세부 품목』을 입력한 후 범위를 지정합니다.
[홈] 탭의 [글꼴] 그룹에서 [글꼴 크기 크게 가˄] 도구를 클릭하여 크기를 조절하고,
[맞춤] 탭에서 가로 [가운데 맞춤 ≡], 세로 [가운데 맞춤 ≡]을 클릭합니다.

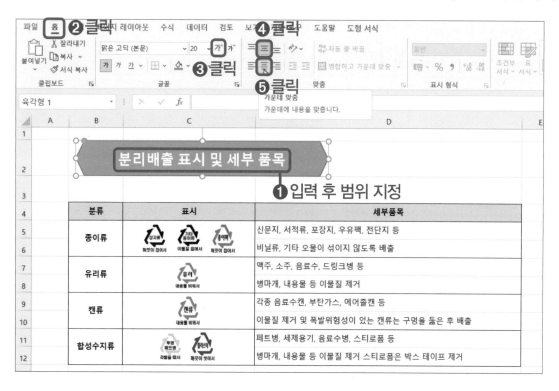

❹ [도형 서식] 탭의 [도형 스타일] 그룹에서 [도형 효과 ⬜]–[반사]를 클릭한 후
'1/2 반사: 터치'를 선택합니다.

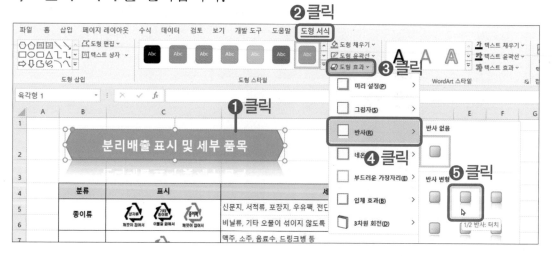

온라인 그림 삽입하기

5 [삽입] 탭의 [일러스트레이션] 그룹에서 [그림 🖼]–[온라인 그림]을 클릭합니다.

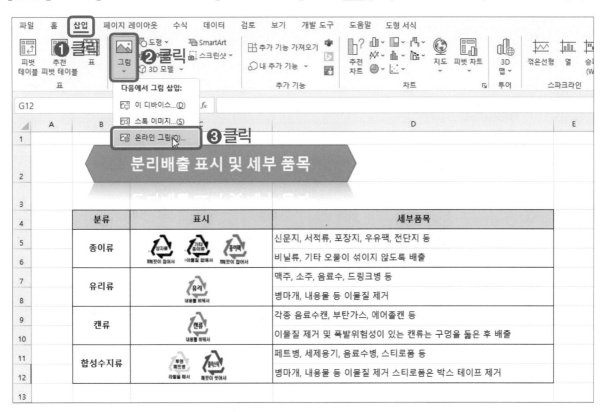

6 [온라인 그림] 대화상자에서 'Bing 이미지 검색'에 『환경』을 입력하고 Enter 키를 누릅니다.

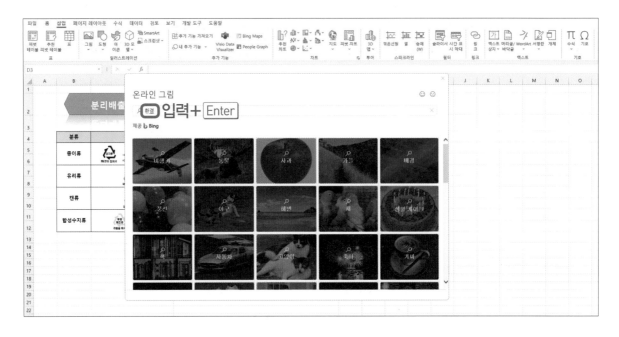

7 삽입하고자 하는 이미지를 선택한 후 **[삽입]** 단추를 클릭합니다. 단, 온라인에서 검색한 그림 또는 사진을 삽입할 때는 저작권 관련하여 확인한 후 사용하시기 바랍니다.

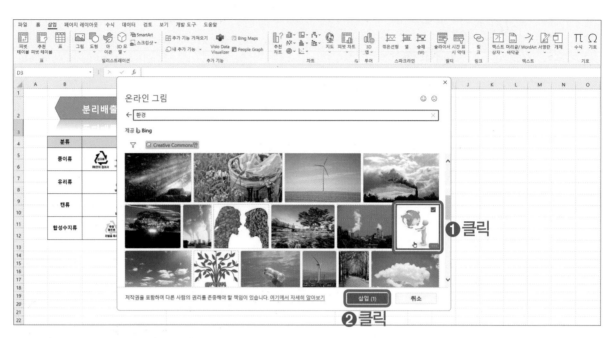

8 삽입한 그림은 크기를 조절하고 적당한 위치에 배치합니다.

⑨ 삽입한 그림 배경의 흰색 부분을 없애기 위해 [그림 서식]-[조정] 그룹의 [색 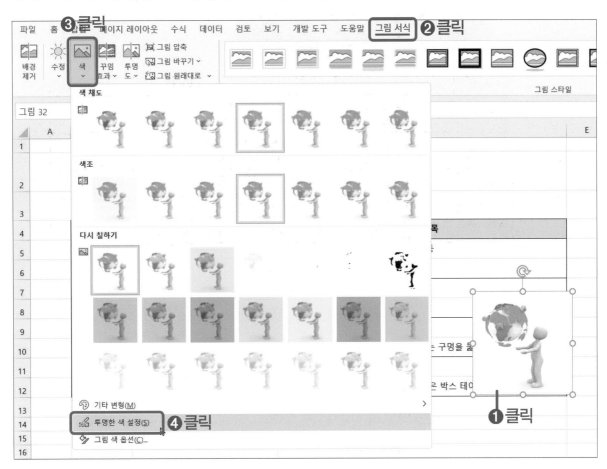]
을 클릭한 후 **'투명한 색 설정'**을 선택합니다.

⑩ 삽입한 그림의 흰색 부분을 클릭합니다.

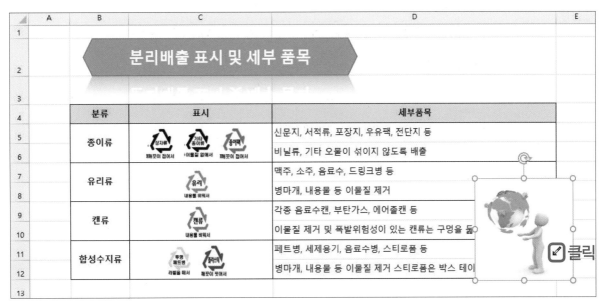

분류	표시	세부품목
종이류		신문지, 서적류, 포장지, 우유팩, 전단지 등
		비닐류, 기타 오물이 섞이지 않도록 배출
유리류		맥주, 소주, 음료수, 드링크병 등
		병마개, 내용물 등 이물질 제거
캔류		각종 음료수캔, 부탄가스, 에어졸캔 등
		이물질 제거 및 폭발위험성이 있는 캔류는 구멍을 뚫
합성수지류		페트병, 세제용기, 음료수병, 스티로폼 등
		병마개, 내용물 등 이물질 제거 스티로폼은 박스 테이

분리배출 표시 및 세부 품목

11 흰색 배경이 투명으로 설정되고 적당한 위치에 이미지를 배치합니다.

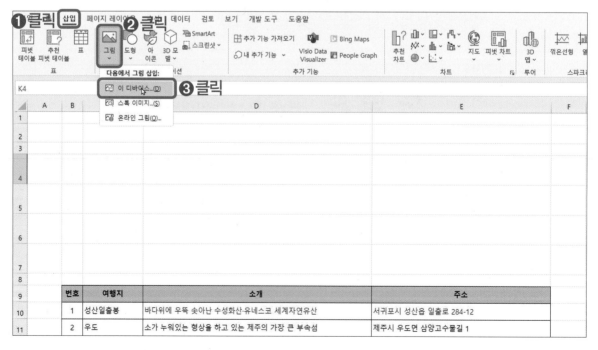

실습3 그림 삽입하고 편집하기

문서에 내가 찍은 사진이나 관련된 이미지를 직접 넣고자 할 때는 그림 삽입을 이용하여 문서에 삽입할 수 있으며, 삽입된 그림에 다양한 효과를 지정해 봅니다.

그림 삽입하기

1 [삽입] 탭의 [일러스트레이션] 그룹에서 [그림 🖼]-[이 디바이스…]를 클릭합니다.

엑셀 2021

2 컴퓨터에 저장된 그림 파일을 선택하고 [삽입] 단추를 클릭합니다.

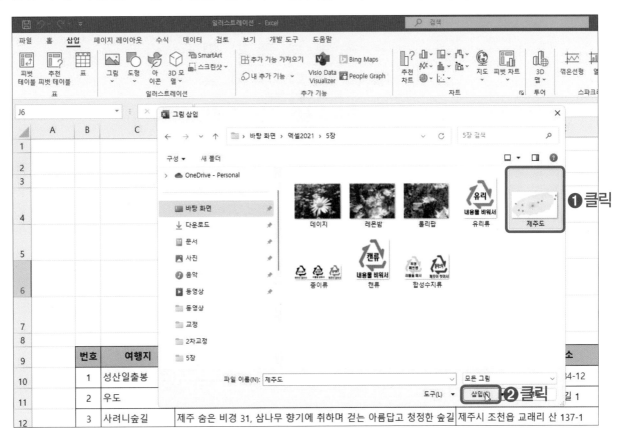

3 삽입된 그림을 모서리 크기 조절점을 이용하여 적당한 크기로 조절하고 위치로 이동합니다.

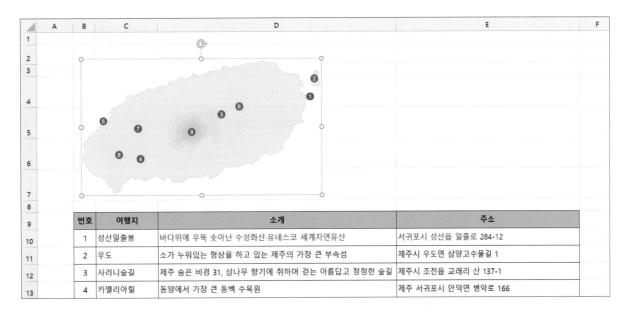

④ [그림 서식] 탭에서 그림 스타일을 클릭하여 '회전, 흰색'을 선택합니다.

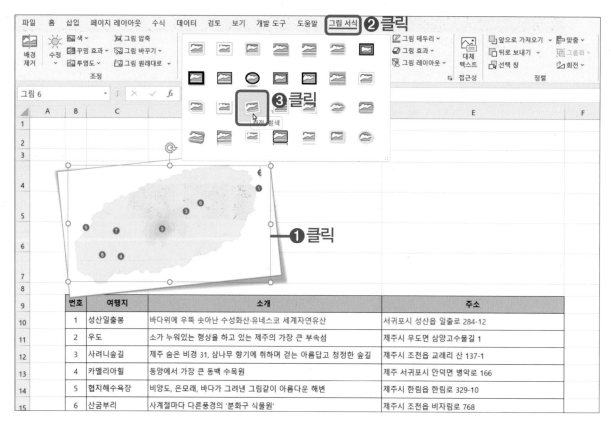

⑤ [그림 서식] 탭에서 [그림 테두리]-[두께]를 클릭 후 '3pt'를 선택합니다.

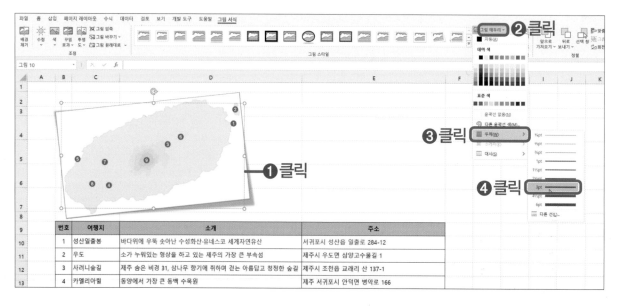

워드아트 입력하기

6 [삽입] 탭의 [텍스트] 그룹에서 [WordArt]를 클릭하여 '채우기 – 검정, 텍스트 색1, 윤곽선: 흰색, 배경색 1, 진한 그림자: 파랑, 강조색 5'를 선택합니다.

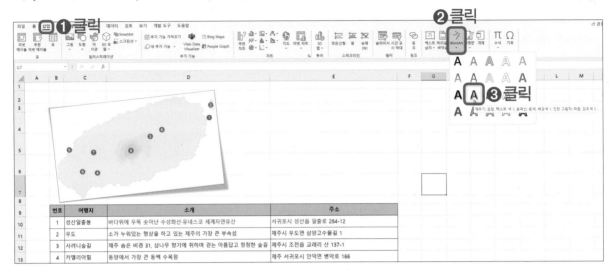

7 제목을 입력한 후, 크기를 조절하고 위치를 이동하여 배치합니다.

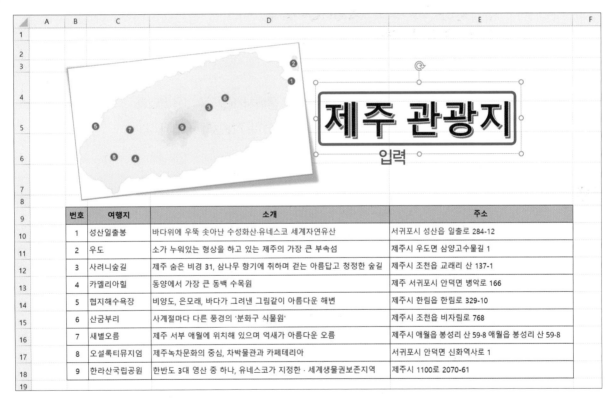

번호	여행지	소개	주소
1	성산일출봉	바다위에 우뚝 솟아난 수성화산·유네스코 세계자연유산	서귀포시 성산읍 일출로 284-12
2	우도	소가 누워있는 형상을 하고 있는 제주의 가장 큰 부속섬	제주시 우도면 삼양고수물길 1
3	사려니숲길	제주 숨은 비경 31, 삼나무 향기에 취하며 걷는 아름답고 청정한 숲길	제주시 조천읍 교래리 산 137-1
4	카멜리아힐	동양에서 가장 큰 동백 수목원	제주 서귀포시 안덕면 병악로 166
5	협지해수욕장	비양도, 은모래, 바다가 그려낸 그림같이 아름다운 해변	제주시 한림읍 한림로 329-10
6	산굼부리	사계절마다 다른 풍경의 '분화구 식물원'	제주시 조천읍 비자림로 768
7	새별오름	제주 서부 애월에 위치해 있으며 억새가 아름다운 오름	제주시 애월읍 봉성리 산 59-8 애월읍 봉성리 산 59-8
8	오설록티뮤지엄	제주녹차문화의 중심, 차박물관과 카페테리아	서귀포시 안덕면 신화역사로 1
9	한라산국립공원	한반도 3대 영산 중 하나, 유네스코가 지정한 · 세계생물권보존지역	제주시 1100로 2070-61

◎ 예제 파일 : 혼자풀어보기(5장).xlsx

◎ 완성 파일 : 혼자풀어보기(5장)-결과.xlsx

1 다음과 같이 도형을 이용하여 제목을 입력하시오. ('신혼부부' 시트)

　　– 도형 : '두루마리 모양: 가로로 말림'

　　– 도형 스타일 : 강한 효과 – 녹색, 강조 6, 도형 윤곽선(흰색, 배경 1)

　　– 글꼴 : HY헤드라인M, 크기 '20', 굵게

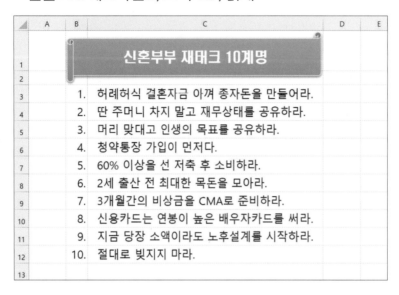

Hint!　• 도형 : [삽입] 탭의 [일러스트레이션] 그룹에서 '도형'을 이용합니다.

　　　　• 도형 스타일 : [도형 서식] 탭의 [도형 스타일] 그룹을 이용합니다.

2 다음과 같이 온라인 그림을 삽입하여 서식을 지정해 보세요. ('신혼부부 (2)' 시트)

　　– 그림 : '돈'으로 검색

　　– 그림 조정 : '색, 투명한 색 설정'

- 클립아트 : [삽입] 탭의 [일러스트레이션] 그룹에서 '온라인 그림'을 이용합니다.
- 다시 칠하기 : [그림 서식] 탭의 [조정] 그룹을 이용합니다.

3 다음과 같이 WordArt를 이용하여 제목을 입력하고, 온라인 그림을 검색하여 삽입해 보세요. ('독서' 시트)

- WordArt : '무늬 채우기 - 흰색, 어두운 상향 대각선 줄무늬, 그림자'
- WordArt 텍스트 효과 : '네온, 18pt, 황금색, 강조 4'
- 그림 : '책'으로 검색

		문학	인문				
	1	아들과 연인 (D.H.로렌스, 1913)	꿈의 해석 (지그문트 프로이트, 1900)				
	2	아큐정전 (루쉰, 1921)	일반언어학강의 (페르디낭 드 소쉬르, 1916)				
	3	황무지 (엘리엇, 1922)	프로테스탄트 윤리와 자본주의 정신 (막스 베버, 1920)				
	4	율리시스 (제임스 조이스, 1922)	인도철학사 (라다크리슈난, 1923)				
	5	마의 산 (토마스 만, 1924)	역사와 계급의식 (지외르지 루카치, 1923)				
	6	심판 (카프카, 1925)	존재와 시간 (마르틴 하이데거, 1927)				
	7	잃어버린 시간을 찾아서 (프루스트, 1927)	중국철학사 (펑유란, 19-)				
	8	등대로 (버지니아 울프, 1927)	역사의 연구 (아놀드 토인비, 1931)				
	9	무기여 잘있거라 (헤밍웨이, 1929)	모순론 (마오쩌둥, 1937)				
	10	서부전선 이상없다 (레마르크, 1929)	이성과 혁명(헤르베르트 마르쿠제, 1941)				
	11	멋진 신세계 (올더스 헉슬리, 1932)	존재와 무(장 폴 사르트르, 1943)				
	12	인간조건 (앙드레 말로, 1933)	열린 사회와 그 적들(칼 포퍼, 1945)				
	13	분노의 포도 (존 스타인벡, 1939)	계몽의 변증법(호르크하이머,아도르노, 1947)				
	14	토박이 (리처드 라이트, 1940)	제2의 성(시몬 드 보봐르, 1949)				
	15	억척어멈과 그 자식들 (브레히트, 1941)	전체주의의 기원(한나 아렌트, 1951)				
	16	이방인 (카뮈, 1942)	철학적 탐구(루트비히 비트겐슈타인, 1953)				
	17	1984 (조지 오웰, 1948)	성과 속(미르치아 엘리아데, 1957)				
	18	고도를 기다리며 (사뮈엘 베게트, 1952)	역사란 무엇인가(에드워드 헬렛 카, 1961)				
	19	롤리타 (블라디미르 나보코프, 1955)	야생의 사고(클로드 레비-스트로스, 1962)				
	20	밤으로의 긴 여로 (유진 오닐, 1956)	혁명의 시대(에릭 홉스봄, 1962)				
	21	길 위에서 (잭 케루악, 1957)	현상학의 이념(에드문트 후설, 1964)				
	22	닥터 지바고 (파스테르나크, 1957)	마과 사물(미셸 푸코, 1966)				
	23	무너져내린다 (치누아 아체베, 1958)	언어와 정신(노엄 촘스키, 1968)				
	24	양철북 (귄터 그라스, 1959)	부분과 전체(베르너 하이젠베르크, 1969)				
	25	캐치 22 (조지프 헬러, 1961)	앙티오이디푸스(질 들뢰즈,펠릭스 가타리, 1972)				
	26	수용소 군도 (솔제니친, 1962)	소유냐 삶이냐(에리히 프롬, 1976)				
	27	백년 동안의 고독 (가르시아 마르케스, 1967)	오리엔탈리즘(에드워드 사이드, 1978)				
	28	장미의 이름 (움베르토 에코, 1980)	물질문명과 자본주의(페르낭 브로델, 1979)				
	29	참을 수 없는 존재의 가벼움 (밀란 쿤데라, 1984)	구별짓기(피에르 부르디외, 1979)				
	30	악마의 시 (살만 루슈디, 1989)	소통행위이론(위르겐 하버마스, 1981)				

- WordArt : [삽입] 탭의 [텍스트] 그룹에서 'WordArt'를 이용합니다.
- WordArt 텍스트 효과 : [도형 서식] 탭의 [텍스트 효과]-[네온]에서 설정합니다.
- 그림 : [삽입] 탭의 [일러스트레이션] 그룹에서 '온라인 그림'을 이용합니다.

4 다음과 같이 WordArt를 이용하여 제목을 입력하고, 온라인 그림을 검색해 삽입해 보세요. ('주소록' 시트)

   – WordArt : '채우기 : 파랑, 강조색 5, 윤곽선: 흰색, 배경색 1, 진한 그림자 : 파랑, 강조색 5'

   – 온라인 그림 : '집'으로 검색

번호	이름	전화번호	생일	주소
1	김애란	010-9747-8045	04월 20일	서초1동
2	박선정	010-8529-7717	01월 31일	우면동
3	송은주	011-9078-8941	05월 09일	서초1동
4	오현남	010-4095-9748	06월 15일	우면동
5	이진영	010-5841-7714	07월 01일	양재동
6	전영옥	010-7884-4172	11월 20일	서초2동
7	정나미	010-7299-9898	12월 04일	방배1동
8	조수미	010-8898-7988	03월 04일	방배1동
9	최은경	010-8950-7951	09월 03일	방배2동
10	황진희	010-9252-9812	10월 19일	양재동

5 다음과 같이 도형을 이용하여 제목을 입력하고, 그림을 삽입해 보세요. ('식물원' 시트)

   – 제목 : 도형('화살표: 갈매기형 수장'), 도형 스타일('강한 효과 – 녹색, 강조 6'), 글꼴(HY목각파임B), 크기(32)

   – 그림 : 파일 경로('C:₩엑셀2021₩5장'), 그림 스타일(부드러운 가장자리 타원)

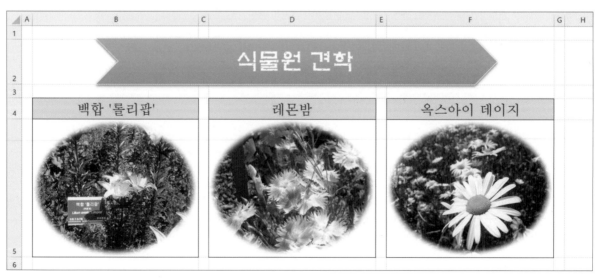

• 도형 : [삽입] 탭의 [일러스트레이션] 그룹에서 '도형'과 [도형 서식] 탭의 [도형 스타일] 그룹을 이용합니다.
• 그림 : [삽입] 탭의 [일러스트레이션] 그룹에서 '그림'을 이용합니다.
• 같은 서식으로 지정할 그림을 [Ctrl] 키를 이용하여 동시에 선택한 후 그림 효과를 지정합니다.

6 다음과 같이 WordArt를 이용하여 제목을 입력하고, 클립아트를 검색해 삽입해 보세요. ('방과후계획' 시트)

– WordArt : '무늬 채우기 – 파랑, 강조 1, 50% 진한 그림자 – 파랑, 강조 1'
– [텍스트 효과] : [변환]의 '수축'
– 온라인 그림 : '공부'로 검색

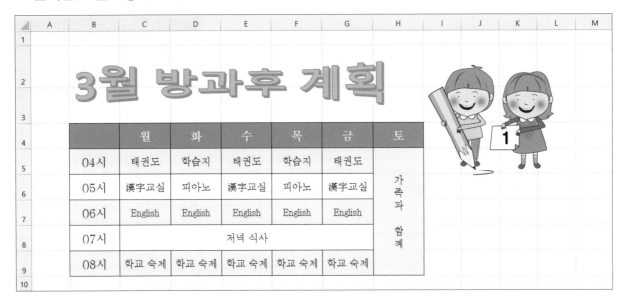

• WordArt : [삽입] 탭의 [텍스트] 그룹에서 'WordArt'를 이용합니다.
• WordArt 텍스트 효과 : [도형 서식] 탭의 [텍스트 효과]–[텍스트 효과]에서 설정합니다.
• 클립아트 : [삽입] 탭의 [일러스트레이션] 그룹에서 '온라인 그림'을 이용합니다.

06장

수식과 자동합계 활용하기

수식은 등호로 시작하여 숫자 또는 셀 주소와 연산자로 이루어진 계산식입니다. 수식을 입력하면 셀에는 수식의 결과값이 표시되고, 입력한 수식은 수식 입력줄에 표시됩니다. 수식을 입력할 때 직접 숫자를 입력하지 않고, 숫자가 입력된 셀 주소를 사용하는 것을 셀 참조라고 합니다.

완성파일 미·리·보·기

◎ 예제 파일 : 수식.xlsx
◎ 완성 파일 : 수식(결과).xlsx

체크포인트

실습1 수식을 이용하여 값을 계산합니다.

실습2 [F4]키를 이용하여 절대참조, 혼합참조를 활용합니다.

실습3 자동 합계 단추를 이용하여 합계, 평균, 개수, 최대값, 최소값을 구합니다.

간단한 수식 입력하기 ('사칙연산' 시트에서)

수식을 입력할 때 직접 숫자를 입력하지 않고, 숫자가 입력된 셀 주소를 사용하는 것을 셀 참조라고 합니다. 연산자를 이용하여 값을 구하고, 고정된 셀을 참조할 수 있는 절대참조를 이용하는 방법을 알아봅니다.

데이터 입력하기

① 아래와 같이 데이터를 입력합니다.

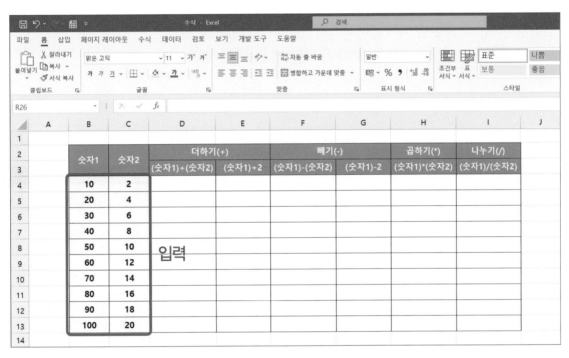

더하기

② [D4] 셀에서 『=』을 입력한 후 [B4] 셀을 클릭하고, 다시 『+』를 입력한 후 [C4] 셀을 클릭하면 [D4] 셀에 '=B4+C4'로 입력됩니다.

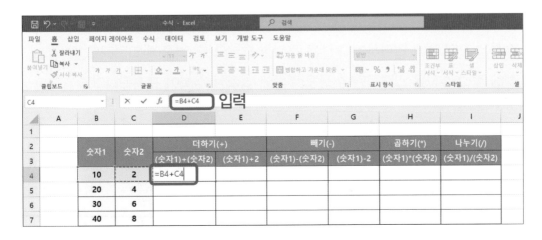

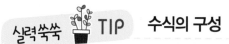
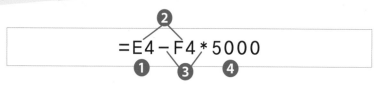

$$=E4-F4*5000$$

❶ **등호** : 엑셀에서는 수식을 입력할 때 등호를 먼저 입력해야 합니다. 등호 다음에 오는 내용이 수식이라는 것을 나타냅니다.

❷ **참조** : 직접 값을 입력하여 수식을 작성할 수 있고, 또는 값이 입력된 주소를 입력하여 수식을 작성할 수 있습니다. 셀 주소(예 E4, F4)를 이용하여 값을 계산하는 것을 '참조'라고 합니다.

❸ **연산자** : 계산의 종류를 나타냅니다. (예 − (빼기), * (곱하기))

❹ **상수** : 수식에 직접 입력하는 숫자나 문자입니다. (예 5000)

❸ [D4] 셀의 채우기 핸들을 이용하여 [D13] 셀까지 드래그하여 수식을 복사합니다.

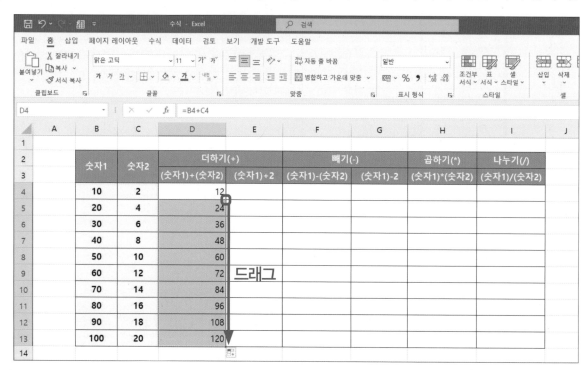

 • 수식을 직접 셀에 입력하거나 셀을 클릭한 후 수식 입력줄에 입력해도 됩니다.

• 셀에 직접 수식을 입력하면 수식 입력줄에 입력한 수식이 표시됩니다.

❹ [E4] 셀에서 『=』을 입력한 후 [B4] 셀을 클릭하고 다시 『+』를 입력한 후 『2』를 입력하면 [E4] 셀에 '=B4+2'로 입력됩니다. [E4] 셀의 채우기 핸들을 이용하여 [E13] 셀까지 드래그하여 수식을 복사합니다.

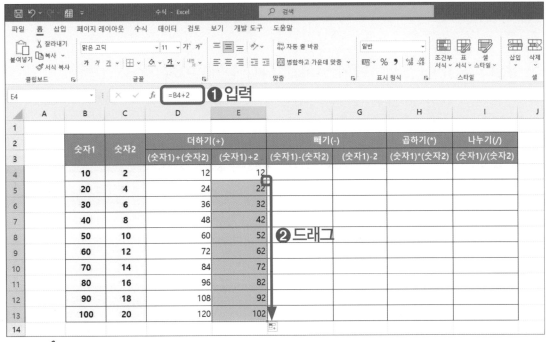

연산자에는 산술 연산자, 비교 연산자, 데이터 연결 연산자, 참조 연산자가 있습니다.

❶ 산술 연산자 : 수치 데이터에 대한 사칙 연산을 수행합니다.

연산자	기능	연산자	기능	연산자	기능
+	더하기	*	곱하기	^	거듭제곱
−	빼기	/	나누기	%	백분율

❷ 비교 연산자 : 데이터의 크기를 비교하여 식이 맞으면 TRUE(참), 그렇지 않으면 FALSE(거짓)로 결과를 표시합니다.

연산자	기능	연산자	기능	연산자	기능
〉	크다(초과)	〈	작다(미만)	=	같다
〉=	크거나 같다(이상)	〈=	작거나 같다(이하)	〈 〉	같지 않다.

❸ 데이터 연결 연산자(&) : 두 개의 데이터를 하나로 연결하여 표시합니다.

수식	결과	수식	결과
="상수리"&"나무"	상수리나무	=100&"점"	100점

❹ 참조 연산자 : 두 개의 데이터를 하나로 연결하여 표시합니다.
 • 참조 연산자 : 참조할 셀이나 영역을 지정합니다.

연산자	사용 예	기능
콜론(:)	(A1:E1)	왼쪽 셀에서 오른쪽 셀까지의 모든 범위를 참조하는 연산자
쉼표(,)	(A1,C1)	쉼표(,)로 구분된 셀의 모든 셀(또는 범위)을 참조하는 연산자
공백	(A1:C3 C2:P3)	왼쪽 범위와 오른쪽 범위의 공통 범위 (결과 :[C2:C3])

빼기

5 같은 방법으로 [F4] 셀에 『=B4-C4』, [G4] 셀에 『=B4-2』를 입력하여 빼기를 계산합니다. [F4:G4] 영역을 범위 지정한 후 채우기 핸들을 이용하여 [G13] 셀까지 수식을 복사합니다.

곱하기

6 [H4] 셀에서 『=』을 입력한 후 [B4] 셀을 클릭하고, 다시 『*』를 입력한 후 [C4] 셀을 클릭하면 [H4] 셀에 '=B4*C4'로 입력됩니다.

7 [H4] 셀의 채우기 핸들을 이용하여 [H13] 셀까지 드래그하여 수식을 복사합니다.

나누기

8 [I4] 셀에서 『=』을 입력한 후 [B4] 셀을 클릭하고, 다시 『/』를 입력한 후 [C4] 셀을 클릭하면 [I4] 셀에 '=B4/C4'로 입력됩니다.

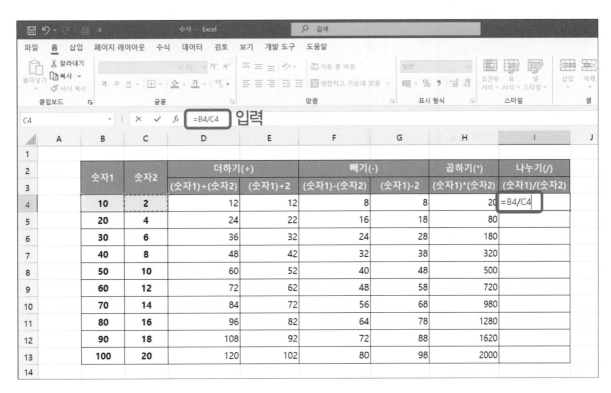

9 [I4] 셀의 채우기 핸들을 이용하여 [I13] 셀까지 드래그하여 수식을 복사합니다.

실습2 절대참조와 혼합참조 이해하기

수식을 입력할 때 직접 숫자를 입력하지 않고, 숫자가 입력된 셀 주소를 사용하는 것을 셀 참조라고 합니다. F4 키를 이용하여 $를 붙여서 셀을 고정하는 절대참조, 행 또는 열만을 고정하는 혼합참조가 있습니다.

절대참조('절대참조' 시트에서)

1 아래 그림과 같이 데이터를 입력합니다.

	A	B	C	D	E
1			8월 아르바이트 비용		
2					
3			시간당 금액	9,860	
4					
5		날짜	근무시간	금액	
6		08월 03일	6		
7		08월 04일	4		
8		08월 05일	6		
9		08월 06일	5		
10		08월 07일	7		
11		08월 10일	4		
12		08월 11일	4		
13		08월 12일	5	입력	
14		08월 13일	5		
15		08월 14일	6		
16		08월 17일	6		
17		08월 18일	5		
18		08월 19일	7		
19		08월 20일	4		
20		08월 21일	6		
21					

2 [D6] 셀에 『=』을 입력한 후 [C6] 셀을 클릭하고, 다시 『*』를 입력한 후 [D3] 셀을 클릭하고 F4 키를 눌러 $D$3으로 절대참조를 하면 '=C6*$D$3'으로 입력됩니다.

	A	B	C	D	E
1			8월 아르바이트 비용		
2					
3			시간당 금액	9,860	
4					
5		날짜	근무시간	금액	
6		08월 03일	6	=C6*$D$3 입력	
7		08월 04일	4		
8		08월 05일	6		
9		08월 06일	5		
10		08월 07일	7		
11		08월 10일	4		
12		08월 11일	4		
13		08월 12일	5		
14		08월 13일	5		
15		08월 14일	6		
16		08월 17일	6		
17		08월 18일	5		
18		08월 19일	7		
19		08월 20일	4		
20		08월 21일	6		
21					

❸ [D6] 셀을 다시 클릭하여 선택한 후 [D6] 셀의 오른쪽 아래의 채우기 핸들을 더블 클릭하여 [D20] 셀까지 수식을 복사합니다.

	A	B	C	D	E
1		8월 아르바이트 비용			
2					
3			시간당 금액	9,860	
4					
5		날짜	근무시간	금액	
6		08월 03일	6	59,160	
7		08월 04일	4	39,440	
8		08월 05일	6	59,160	
9		08월 06일	5	49,300	
10		08월 07일	7	69,020	
11		08월 10일	4	39,440	
12		08월 11일	4	39,440	
13		08월 12일	5	49,300	
14		08월 13일	5	49,300	
15		08월 14일	6	59,160	
16		08월 17일	6	59,160	
17		08월 18일	5	49,300	
18		08월 19일	7	69,020	
19		08월 20일	4	39,440	
20		08월 21일	6	59,160	
21					

더블 클릭

TIP

채우기 핸들을 드래그하여 수식을 복사할 수 있고, 채우기 핸들을 더블 클릭하여 수식을 복사할 수도 있습니다.

TIP 시간당 금액 9,860원을 [D3] 셀을 참조하지 않고, 직접 수식(=C6*9860)으로 입력해도 값은 구해집니다. 하지만, 금액이 9,860원이 아닌 9,900원으로 바뀔 때 수식을 수정하고 다시 수식(=C6*9900)을 복사해야 하는 번거로움이 있습니다. 만약, 셀을 참조(=C6*$D$3)하면 [D3] 셀의 값만 바꾸면 자동으로 결과값은 달라집니다.

혼합참조('혼합참조' 시트에서)

❹ 아래 그림과 같이 데이터를 입력합니다.

	A	B	C	D	E	F	G	H
1			실구매액 표 작성하기					
2								
3				할인율				
4				5%	10%	15%	20%	
5			5,000					
6			10,000					
7			15,000					
8		입	20,000					
9		고	25,000					
10		가	30,000					
11			35,000					
12			40,000					
13								

입력

5 실구매액을 구하기 위해서 '**=입고가-(입고가*할인율)**'로 계산하면 가능합니다. 수식 하나를 작성하여 [G12] 셀까지 복사하려면 입고가는 C열에 입력되어 있고, 할인율은 4행에 입력된 부분을 고정해서 작성합니다.

6 [D5] 셀에 『=』을 입력한 후 [C5] 셀을 클릭하고 F4 키를 누르면 '$C$5'가 되며, 다시 F4 키를 누르면 'C$5'가 되며, 다시 F4 키를 누르면 '$C5'가 됩니다.

	A	B	C	D	E	F	G	H
1				실구매액 표 작성하기				
2								
3					할 인 율			
4				5%	10%	15%	20%	
5			5,000	=$C5	입력			
6			10,000					
7		입	15,000					
8		고	20,000					
9		가	25,000					
10			30,000					
11			35,000					
12			40,000					
13								

7 [D5] 셀에 F4 키를 이용하여 『=$C5-($C5*D$4)』를 입력합니다.

	A	B	C	D	E	F	G	H
1				실구매액 표 작성하기				
2								
3					할 인 율			
4				5%	10%	15%	20%	
5			5,000	=$C5-($C5*D$4)	입력			
6			10,000					
7		입	15,000					
8		고	20,000					
9		가	25,000					
10			30,000					
11			35,000					
12			40,000					
13								

❽ [D5] 셀을 클릭한 후 오른쪽 아래의 채우기 핸들을 이용하여 [D12] 셀까지 수식을 복사합니다.

	A	B	C	D	E	F	G	H
D5 | | =$C5-($C5*D$4)

	A	B	C	D	E	F	G	H
1				실구매액 표 작성하기				
2								
3				할 인 율				
4				5%	10%	15%	20%	
5			5,000	4,750 ❶클릭				
6			10,000					
7		입	15,000					
8		고	20,000	❷드래그				
9		가	25,000					
10			30,000					
11			35,000					
12			40,000					
13				+				
14								

❾ [D5:D12] 영역이 범위 지정된 상태에서 다시 [D12] 셀의 오른쪽 아래의 채우기 핸들을 이용하여 [G12] 셀까지 수식을 복사합니다.

	A	B	C	D	E	F	G	H
1				실구매액 표 작성하기				
2								
3				할 인 율				
4				5%	10%	15%	20%	
5			5,000	4,750				
6			10,000	9,500				
7		입	15,000	14,250				
8		고	20,000	19,000				
9		가	25,000	23,750				
10			30,000	28,500				
11			35,000	33,250				
12			40,000	38,000				
13				드래그			+	
14								

실력쑥쑥 TIP **참조**

수식을 입력할 때 직접 숫자를 입력하지 않고, 숫자가 입력된 셀 주소를 사용하는 것을 셀 참조라고 합니다.

❶ **상대참조**

가장 일반적인 셀 주소 유형입니다. 수식이 입력된 셀을 다른 위치로 이동하거나 복사하면 참조하는 셀 주소가 상대적 위치에 따라 자동으로 변경됩니다.

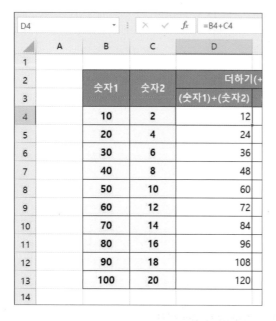

❷ **절대참조**

행 번호, 열 문자 앞에 $ 기호를 붙여줍니다. 절대참조는 다른 곳으로 이동하거나 복사해도 변하지 않고 항상 같은 셀을 참조합니다.

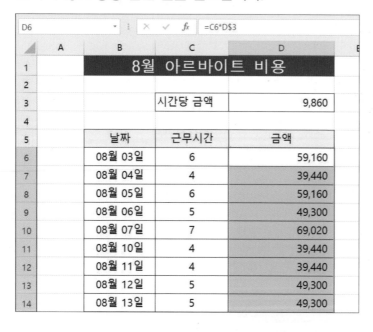

❸ 혼합참조

행 문자, 열 번호 중 한쪽에만 $를 붙여줍니다. $ 기호가 붙은 부분만 변하지 않습니다. 한 방향으로만 수식을 복사할 때는 절대참조를 쓰지만, 양쪽으로 수식을 복사해야 할 때는 혼합참조를 사용합니다.

◢	A	B	C	D	E	F	G	H
1				실구매액 표 작성하기				
2								
3				할 인 율				
4				5%	10%	15%	20%	
5			5,000	4,750	4,500	4,250	4,000	
6			10,000	9,500	9,000	8,500	8,000	
7			15,000	14,250	13,500	12,750	12,000	
8		입고가	20,000	19,000	18,000	17,000	16,000	
9			25,000	23,750	22,500	21,250	20,000	
10			30,000	28,500	27,000	25,500	24,000	
11			35,000	33,250	31,500	29,750	28,000	
12			40,000	38,000	36,000	34,000	32,000	
13								

	D
	실구ㅁ
	0.05
	=$C5-($C5*D$4)
	=$C6-($C6*D$4)
	=$C7-($C7*D$4)
	=$C8-($C8*D$4)
	=$C9-($C9*D$4)
	=$C10-($C10*D$4)
	=$C11-($C11*D$4)
	=$C12-($C12*D$4)

❹ F4 키를 이용하여 참조 바꾸기

셀 주소를 입력하고 F4 키를 누를 때마다 다음 순서대로 '$' 기호가 자동으로 붙여집니다.

H3 → F4 키 → $H$3 → F4 키 → H$3 → F4 키 → $H3 → F4 키 → H3

상대참조　　　　　절대참조　　　　　혼합참조　　　　　혼합참조　　　　　상대참조

자동 합계 활용하기

엑셀에서 가장 많이 사용하는 함수인 합계, 평균, 최대값, 최소값, 숫자 개수 등은 [자동 합계] 단추를 클릭하면 쉽게 사용할 수 있습니다.

합계 구하기('절대참조' 시트에서)

❶ [B21] 셀에 『합계』를 입력하고, [C21] 셀을 선택한 후 [수식] 탭의 [함수 라이브러리] 그룹에서 [자동 합계 Σ] 도구를 클릭하여 '=SUM(C6:C20)'으로 표시되면 Enter 키를 누릅니다.

② 같은 방법으로 [D21] 셀을 선택한 후 [수식] 탭의 [함수 라이브러리] 그룹에서 [자동 합계 Σ] 도구를 클릭하여 '=SUM(D6:D20)'으로 표시되면 [Enter] 키를 누릅니다.

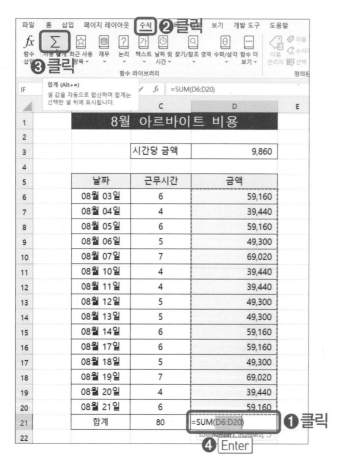

=SUM(A1:A5, A10)

해설 : [A1:A5]와 [A10] 영역의 합계를 구합니다.

❶ 등호(=) : 함수식 앞에 쓰입니다.

❷ 함수명 : 수식을 함축하고 있는 함수 이름입니다.

❸ 괄호 : 인수가 들어가는 공간입니다.

❹ 인수 : 계산을 하기 위해 사용하는 값입니다.

❺ 콜론(:) : 연속된 범위를 지정할 때 사용합니다.

❻ 쉼표(,) : 인수를 구분하기 위해 사용합니다.

가로, 세로 합계 구하기('관리비' 시트에서)

❸ 아래 예제와 같이 '관리비' 시트를 엽니다.

우리집 월별 사용량

월	전기	온수	수도	난방	합계
1월	54,900	29,200	15,200	78,200	
2월	49,600	23,500	12,500	40,500	
3월	44,200	17,800	8,500	13,800	
4월	48,800	12,100	7,100	X	
5월	42,500	12,100	9,800	X	
6월	44,900	12,100	9,800	X	
7월	48,300	700	9,800	X	
8월	72,900	12,100	16,600	X	
9월	58,500	6,400	11,200	X	
10월	50,100	12,100	11,200	2,900	
11월	47,900	12,100	9,800	19,800	
12월	41,300	23,500	11,200	74,100	
합계					
평균					
최대값					
최소값					
개수					

④ [C5:G17] 영역을 범위 지정한 후 [수식] 탭의 [함수 라이브러리] 그룹에서 [자동 합계 ∑] 도구를 클릭하면 범위 지정한 영역의 가장 오른쪽과 맨 아래줄에 합계를 표시합니다.

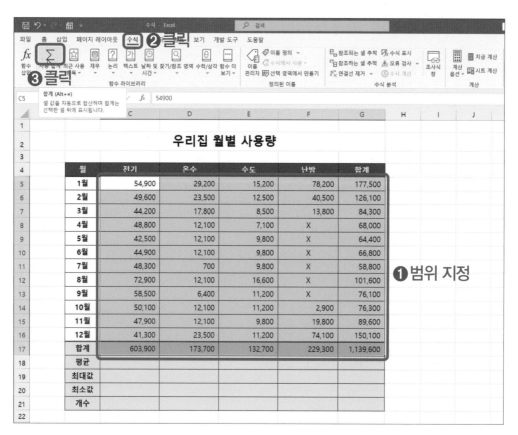

 오류값

[G5] 셀에 『=C5+D5+E5+F5』를 입력한 후 [G16] 셀까지 수식을 복사한 예제입니다.

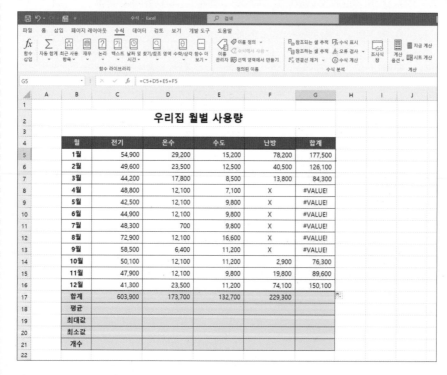

엑셀에서 산술 연산자는 숫자 값만을 계산할 수 있습니다. 문자를 산술 연산자로 계산할 경우 #VALUE! 오류값이 발생합니다. 예제에서 데이터에 'X' 문자가 입력되어 오류값이 발생합니다. 이렇게 문자가 혼합된 데이터를 이용하여 합계를 구할 때는 '함수'를 이용하면 해결할 수 있습니다.

실력쑥쑥 🌵 TIP   **오류값 이해하기**

잘못된 연산을 수행했을 때 엑셀에서는 오류값을 화면에 표시하는데, 자주 발생하는 7가지의 오류값과 그 원인에 대해서 알아봅니다.

오류값	원인
#DIV/O	숫자를 0이나 빈 셀로 나누려 했을 때 발생합니다.
#NAME?	함수 이름을 잘못 입력했거나 큰따옴표로 묶지 않은 문자를 수식에 입력했을 때 발생합니다.
#N/A	수식이나 함수에 사용할 수 없는 값을 지정했을 때 발생합니다.
#VALUE!	계산 수식에 문자 항목을 입력할 때 발생합니다.
#REF	수식이나 함수에서 참조하는 셀이 삭제되었을 때 발생합니다.
#NUM	함수에 유효하지 않은 인수를 입력했거나 수식의 결과값이 너무 크거나 작아서 엑셀에서 표현할 수 없을 때 발생합니다.
#NULL!	잘못된 범위 연산자나 셀 참조를 사용했을 때 발생하거나 교차하지 않는 두 개 영역의 논리곱을 지정할 때 발생합니다.

우리집 월별 사용량의 평균 구하기('관리비' 시트에서)

❺ [C18] 셀을 선택한 후 [수식] 탭의 [함수 라이브러리] 그룹에서 [자동 합계 ∑] 도구의 [목록 단추 ▾]를 클릭하여 '**평균**'을 선택하고, [C5:C16] 영역을 드래그하여 '**=AVERAGE(C5:C16)**'이 표시되면 Enter 키를 누릅니다.

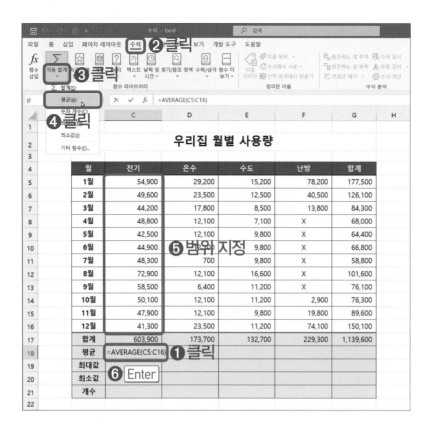

⑥ [C18] 셀의 채우기 핸들을 이용하여 [G18] 셀까지 드래그하여 수식을 복사합니다.

사용량 최대금액('관리비' 시트에서)

⑦ [C19] 셀을 선택한 후 [수식] 탭의 [함수 라이브러리] 그룹에서 [자동 합계 Σ] 도구의 [목록 단추 ▾]를 클릭하여 '**최대값**'을 선택하고, [C5:C16] 영역을 드래그하여 '**=MAX(C5:C16)**'이 표시되면 Enter 키를 누릅니다.

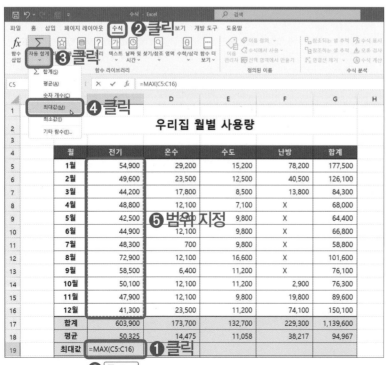

8 [C19] 셀의 채우기 핸들을 이용하여 [G19] 셀까지 드래그하여 수식을 복사합니다.

사용량 최저금액('관리비' 시트에서)

9 [C20] 셀을 선택한 후 [수식] 탭의 [함수 라이브러리] 그룹에서 [자동 합계 Σ] 도구의 [목록 단추 ▾]를 클릭하여 **'최소값'**을 선택하고, [C5:C16] 영역을 드래그하여 **'=MIN(C5:C16)'**이 표시되면 Enter 키를 누릅니다.

10 [C20] 셀의 채우기 핸들을 이용하여 [G20] 셀까지 드래그하여 수식을 복사합니다.

개수를 구하고 '번'을 붙여 표시하기('관리비' 시트에서)

11 [C21] 셀을 선택한 후 [수식] 탭의 [함수 라이브러리] 그룹에서 [자동 합계 Σ] 도구의 [목록 단추 ▾]를 클릭하여 **'숫자 개수'**를 선택하고, [C5:C16] 영역을 드래그하여 **'=COUNT(C5:C16)'**이 표시되면 Enter 키를 누릅니다.

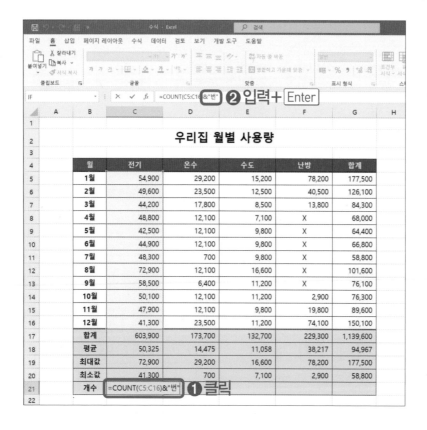

⑫ [C21] 셀의 결과값에 '번'을 붙여서 표시하기 위해서는 **결합연산자(&)**를 사용하고 문자는 " "로 묶어서 입력합니다. 따라서 [C21] 셀을 선택한 후 수식 입력줄에서 『**&"번"**』을 입력하면 '=COUNT(C5:C16)&"번"'으로 표시되며 Enter 키를 누릅니다.

⑬ [C21] 셀의 채우기 핸들을 이용하여 [G21] 셀까지 드래그하여 수식을 복사합니다.

◎ 예제 파일 : 혼자풀어보기(6장).xlsx
◐ 완성 파일 : 혼자풀어보기(6장)-결과.xlsx

1 다음과 같은 수식을 입력하여 표를 완성하시오. ('문제1' 시트)

　– 잔액[G4] : =수입[E4]-지출[F4]

　– 잔액[G5] : =전날 잔액[G4]+수입[E5]-지출[F5]

　– 합계[E18], [F18] : 수입과 지출의 합계

	A	B	C	D	E	F	G	H
1				가계부				
2								
3	날짜	항목	지출방법	내용	수입	지출	잔액	
4	05월 01일	급여	현금	5월 급여	3,000,000			
5	05월 05일	육아	신용카드	어린이 날 선물		50,000		
6	05월 05일	식대	신용카드	외식		60,000		
7	05월 10일	자동차	체크카드	주유		52,500		
8	05월 18일	식대	체크카드	딸기, 바나나 구입		11,400		
9	05월 21일	의류	현금	드라이크리닝		10,000		
10	05월 22일	경조사	현금	친척 결혼식		70,000		
11	05월 25일	도시가스	자동이체	5월 도시가스 요금		98,000		
12	05월 25일	아파트관리비	자동이체	5월 아파트 관리비		107,800		
13	05월 27일	통신요금	자동이체	5월 핸드폰 요금		50,000		
14	05월 27일	통신요금	자동이체	5월 인터넷, 전화요금		35,000		
15								
16								
17								
18			합계					
19								

Hint!
- 잔액[G4] : 『=E4-F4』, 잔액[G5] : 『=G4+E4-F5』를 입력하고 [G14] 셀까지 수식을 복사합니다.
- 합계[E18] : 『=SUM(E4:E17)』을 입력하고 [F18] 셀까지 수식을 복사합니다.

2 다음과 같이 '원화가격'과 '합계'를 수식을 이용하여 계산하시오. ('문제2' 시트)

　– 원화가격=달러 가격×환율시세(절대참조)

　– 합계=원화 가격×수량

	A	B	C	D	E	F	G
1		면세점 물품 구입 목록					
2							
3		환율시세	₩ 1,380				
4							
5			달러가격	원화가격	수량	합계	
6		시계	$250.00		1		
7		립스틱	$35.00		3		
8		초콜릿	$25.00		5		
9							

Hint!

원화가격 : 『=C6*$C$3』, 합계 :
『=D6*E6』을 입력합니다.

3 다음 표에서 혼합참조를 이용하여 구구단 표를 완성하시오. ('문제3' 시트)

- 2단[D5] : =단(4행을 고정)×곱하기(C열을 고정)

	A	B	C	D	E	F	G	H	I	J	K	L
1				구구단 표 만들기								
2												
3				단								
4				2	3	4	5	6	7	8	9	
5			1									
6			2									
7			3									
8		곱	4									
9		하	5									
10		기	6									
11			7									
12			8									
13			9									
14												

> **Hint!** [D5] : 『=D$4*$C5』를 입력하고 [D13] 셀까지 수식을 복사한 후 [D5:D13] 영역이 범위 지정된 상태에서 [K13] 셀까지 수식을 복사합니다.

4 [수식] 탭의 [함수 라이브러리]에서 [자동 합계]의 목록을 이용하여 표를 완성하시오. ('문제 4' 시트)

- 총강좌의 수[D12] : 숫자 개수를 이용하여 날짜 영역[B4:B10]을 드래그
- 최대 수강료[G12] : 최대값을 이용하여 수강료[H4:H10]을 드래그
- 평균 신청인원[D13] : 평균을 이용하여 신청인원[G4:G10]을 드래그
- 신청인원 합계[G13] : 합계를 이용하여 신청인원[G4:G10]을 드래그

	A	B	C	D	E	F	G	H	I
1		보건소와 함께하는 당뇨강좌							
2									
3		일자	시간	주제	강사	정원	신청인원	수강료	
4		12월 01일	10:00~12:00	당뇨병은 어떤 병인가요?	박보람	20	23	무료	
5		12월 05일	10:00~12:00	올바른 당뇨 약 복용법	김은중	20	15	12,000	
6		12월 09일	10:00~12:00	당뇨병의 운동요법	이정남	20	21	무료	
7		12월 13일	14:00~16:00	당뇨와 신장질환	한지민	30	20	15,000	
8		12월 17일	10:00~12:00	당뇨병과 식이요법	정소림	25	10	10,000	
9		12월 21일	10:00~12:00	노년기의 건강한 생활	장학규	20	30	무료	
10		12월 26일	10:00~12:00	당뇨인의 발관리	김현규	15	15	무료	
11									
12			총강좌의 수			최대 수강료			
13			평균 신청인원			신청인원 합계			
14									

> **Hint!**
> • 총강좌의 수 : 『=COUNT(B4:B10)』, 최대 수강료 : 『=MAX(H4:H10)』
> • 평균 신청인원 : 『=AVERAGE(G4:G10)』, 신청인원 합계 : 『=SUM(G4:G10)』을 입력합니다.

07장 함수 활용하기

함수는 복잡하고 반복적인 계산 작업을 쉽고 간단하게 처리할 수 있도록 미리 프로그램으로 정의한 수식입니다. 우리가 알고 있는 간단한 계산식도 함수를 사용하면 많은 양의 데이터를 손쉽게 계산할 수 있습니다. 엑셀에서의 함수는 가장 중요한 역할을 한다고 할 수 있습니다.

[무료 동영상]

완성파일 미·리·보·기

◎ 예제 파일 : 함수.xlsx
● 완성 파일 : 함수(결과).xlsx

체·크·포·인·트

실습1 텍스트 함수에 대해 살펴봅니다.

실습2 논리 함수에 대해 살펴봅니다.

실습3 통계 함수에 대해 살펴봅니다.

실습4 찾기/참조 함수에 대해 살펴봅니다.

텍스트 함수 ('텍스트' 시트에서)

텍스트 함수를 이용하여 특정 문자를 추출, 검색, 비교할 수 있으며, 영문의 경우 대소문자를 변환할 수도 있습니다.

텍스트 함수의 종류

함수	설명	예	결과
LEFT	왼쪽으로부터 지정된 수까지 출력	=LEFT("ABC",2)	AB
RIGHT	오른쪽으로부터 지정된 수까지 출력	=RIGHT("ABC",2)	BC
MID	지정된 위치에 지정된 수만큼 출력	=MID("ABC",2,1)	B
LOWER	소문자로 변환	=LOWER("ABC")	abc
UPPER	대문자로 변환	=UPPER("abc")	ABC
PROPER	각 단어의 첫 글자만 대문자로 변환	=PROPER("abc")	Abc
REPLACE	문자열의 일부를 다른 문자로 변환	=REPLACE("WinXP",4,2,"11")	Win11

'성명'에서 '성'과 '이름' 분리하기(LEFT, RIGHT)

1 [D5] 셀을 클릭한 후 [수식] 탭의 [함수 라이브러리] 그룹에서 [텍스트 가]−[LEFT]를 선택합니다.

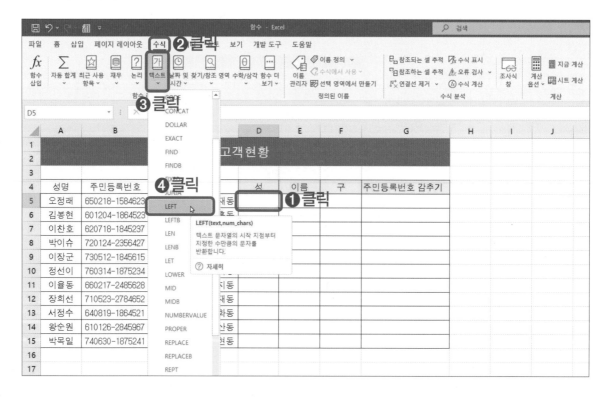

2 [함수 인수] 대화상자에서 다음과 같이 입력하고 [확인] 단추를 클릭합니다.

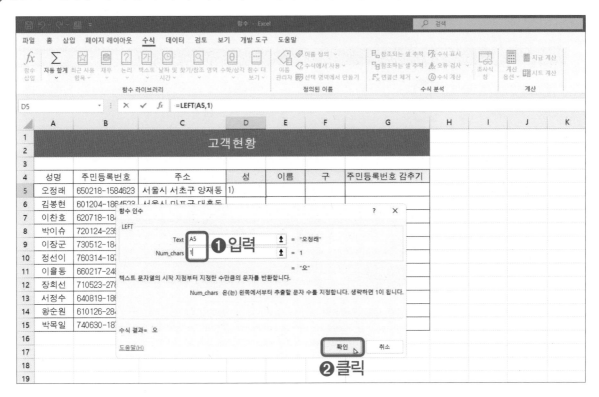

3 [D5] 셀의 채우기 핸들을 이용하여 [D15] 셀까지 수식을 복사합니다.

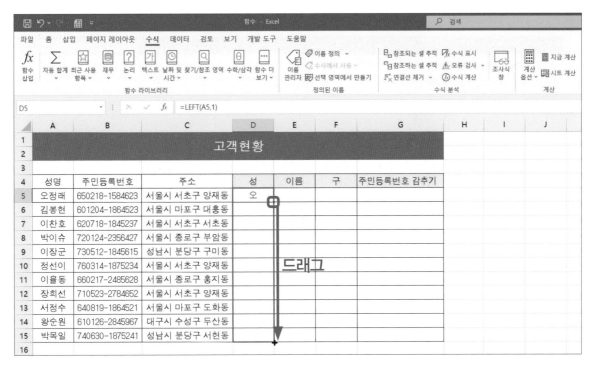

4 [E5] 셀을 클릭한 후 [수식] 탭의 [함수 라이브러리] 그룹에서 [텍스트]-[RIGHT]를 선택합니다.

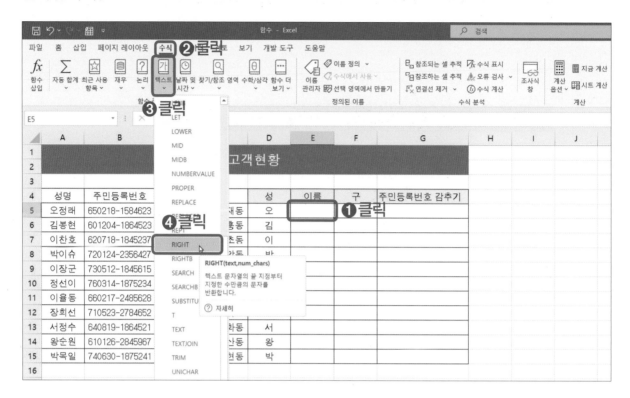

5 [함수 인수] 대화상자에서 다음과 같이 입력하고 [확인] 단추를 클릭합니다.

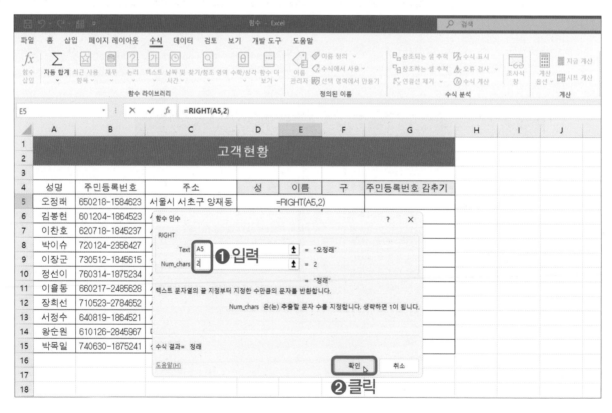

6 [E5] 셀의 채우기 핸들을 이용하여 [E15] 셀까지 수식을 복사합니다.

> 함수식
> • [D5] 셀 『=LEFT(A5,1)』: [A5] 셀에서 왼쪽부터 시작하여 한 글자를 추출합니다.
> • [E5] 셀 『=RIGHT(A5,2)』: [A5] 셀에서 오른쪽부터 시작하여 두 글자를 추출합니다.

'주소'에서 가운데 위치한 '구' 추출하기(MID)

7 [F5] 셀을 클릭한 후 [수식] 탭의 [함수 라이브러리] 그룹에서 [텍스트]-[MID]를 선택합니다.

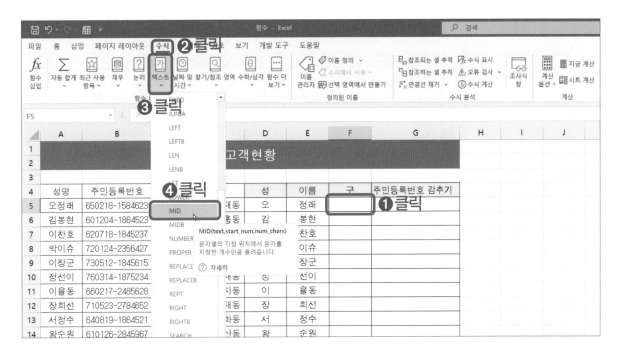

8 [함수 인수] 대화상자에서 다음과 같이 입력하고 [확인] 단추를 클릭합니다.

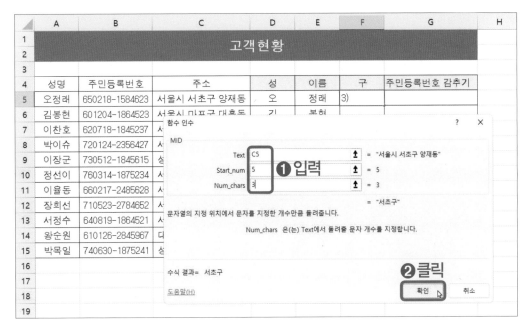

9 [F5] 셀의 채우기 핸들을 이용하여 [F15] 셀까지 수식을 복사합니다.

> 함수식 [F5] 셀 『=MID(C5,5,3)』: [C5] 셀에서 5번째에 있는 문자부터 시작하여 3자
> 리의 문자열을 추출합니다.

'주민등록번호'의 뒷자리 감추기(REPLACE)

10 [G5] 셀을 클릭한 후 [수식] 탭의 [함수 라이브러리] 그룹에서 **[텍스트]**–**[REPLACE]** 를 선택합니다.

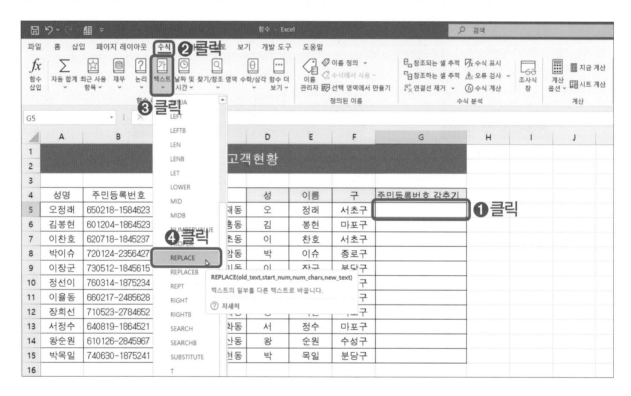

11 [함수 인수] 대화상자에서 다음과 같이 입력하고 [확인] 단추를 클릭한 후, [G5] 셀 의 채우기 핸들을 이용하여 [G15] 셀까지 수식을 복사합니다.

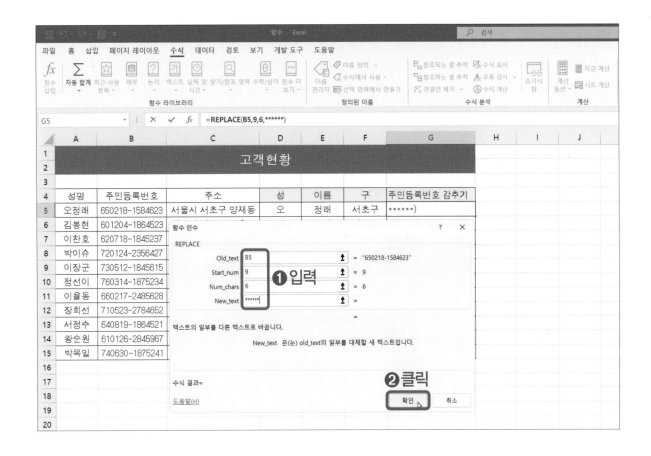

함수식 [G5] 셀 『=REPLACE(B5,9,6,"＊＊＊＊＊＊")』 : [B5] 셀의 9번째에 있는 문자부터 시작하여 6자리의 문자열을 "＊＊＊＊＊＊"으로 대체합니다.

실습2 논리 함수 ('논리' 시트에서)

논리 함수는 조건이 참인지 거짓인지에 따라서 각각 다른 처리를 실행하며 여러 조건을 지정할 수 있습니다.

■ 논리 함수

함수	설명	예	결과
IF(조건,참,거짓)	조건에 지정된 값 출력	=IF(100>=90,"합격","불합격")	합격
AND(조건1,조건2,…)	조건이 모두 참일 경우에만 참 표시	=AND(100>90,90>70)	TRUE
OR(조건1,조건2,…)	조건이 하나라도 참인 경우에 참 표시	=OR(80>90,90>70)	TRUE

영어 점수가 80점 이상이면 '합격', 80점 미만이면 '불합격'으로 표시(IF)

1 [D5] 셀을 클릭한 후 [수식] 탭의 [함수 라이브러리] 그룹에서 [논리 ?]-[IF]를 선택합니다.

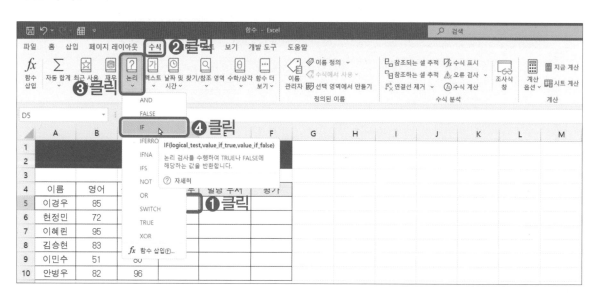

2 [함수 인수] 대화상자에서 다음과 같이 입력하고 [확인] 단추를 클릭합니다.

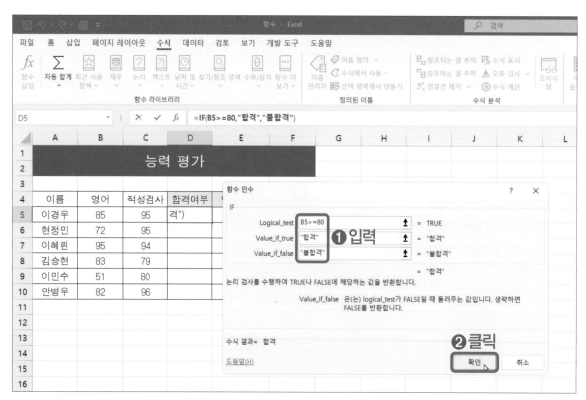

3 [D5] 셀의 채우기 핸들을 이용하여 [D10] 셀까지 수식을 복사합니다.

> **함수식**　[D5] 셀 『=IF(B5)=80,"합격","불합격")』 : [B5] 셀의 값이 80 이상이면 '합격', 그 외는 '불합격'으로 표시합니다.

'발령 부서'에 영어 점수가 90점 이상이면 '해외영업1팀', 80점 이상이면 '해외영업2팀' 그렇지 않으면 '국내영업팀'이라고 표시하기(중첩IF)

❹ [E5] 셀을 클릭한 후 [수식] 탭의 [함수 라이브러리] 그룹에서 [논리]-[IF]를 선택합니다.

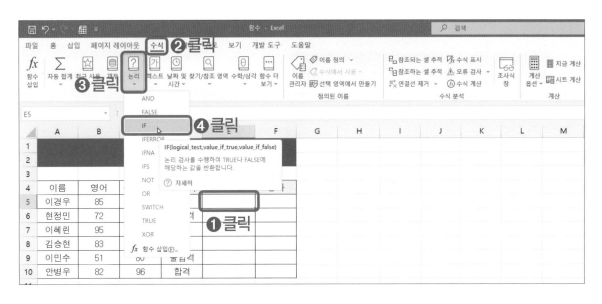

❺ [함수 인수] 대화상자에서 다음과 같이 입력한 후, 'Value_if_false'에 커서를 두고 이름 상자의 'IF'를 클릭합니다. (주의 : 반드시 세 번째 인수에 커서를 두고 이름 상자를 클릭해야 오류가 나지 않습니다. 간혹 두 번째 인수에 커서를 두고 이름 상자를 클릭하면 함수식에 +가 생기면서 오류가 날 수 있습니다.)

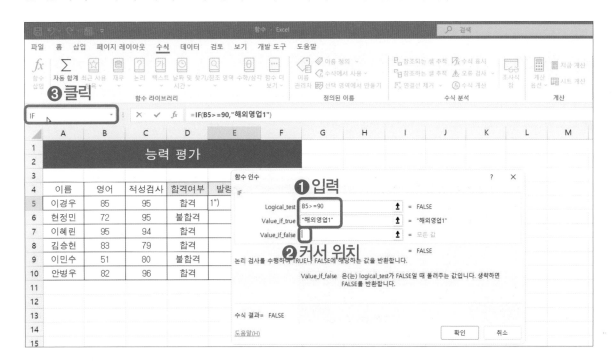

6 새롭게 추가된 [함수 인수] 대화상자에서 다음과 같이 입력하고 [확인] 단추를 클릭합니다.

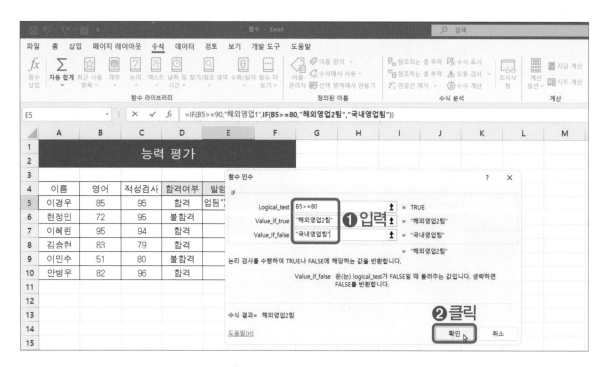

7 [E5] 셀의 채우기 핸들을 이용하여 [E10] 셀까지 수식을 복사합니다.

> 함수식　[E5] 셀 『=IF(B5>=90,"해외영업1팀",IF(B5>=80,"해외영업2팀","국내영업팀"))』 : [B5] 셀의 값이 90 이상이면 '해외영업1팀'으로 표시하고, 남은 데이터에 대해서 다시 한번 [B5] 셀의 값이 80 이상이면 '해외영업2팀', 그 외는 '국내영업팀'으로 표시합니다.

영어 점수가 80점 이상이고, 적성 점수가 90점 이상이면 '우수'라고 표시하기(IF, AND)

8 [F5] 셀을 클릭한 후 [수식] 탭의 [함수 라이브러리] 그룹에서 [논리]-[AND]를 선택합니다.

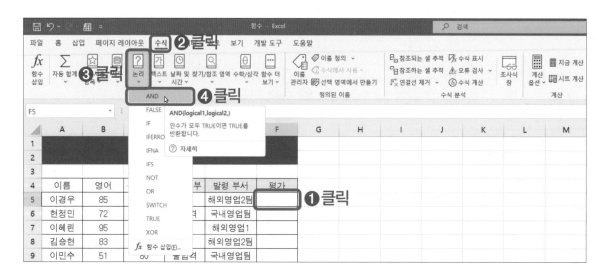

TIP 먼저 영어 점수가 80점 이상이고 적성 점수가 90점 이상인지 체크하기 위해 AND 함수를 사용했습니다.

9 [함수 인수] 대화상자에서 다음과 같이 입력하고 [확인] 단추를 클릭합니다.

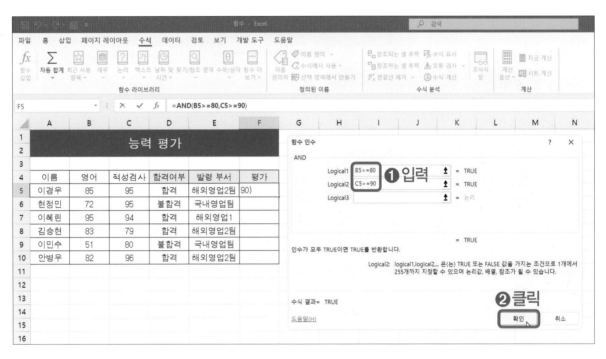

10 [F5] 셀의 채우기 핸들을 이용하여 [F10] 셀까지 수식을 복사하면 2개의 조건에 모두 만족한 셀에는 TRUE, 둘 다 만족하지 않은 셀에는 FALSE가 표시됩니다.

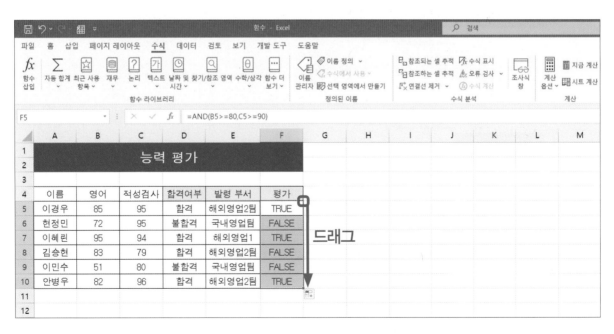

⓫ TRUE 대신에 '우수', FALSE 대신에 공백으로 표시하기 위해서 수식 입력줄에서 'AND(B5>=80,C5>=90)'을 범위 지정한 후 마우스 오른쪽 버튼을 클릭하여 [잘라내기] 메뉴를 클릭합니다.

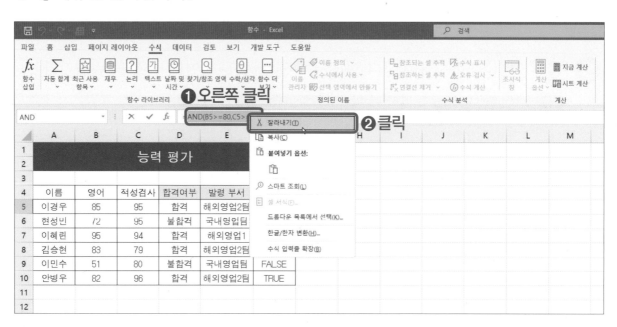

 TIP [잘라내기] 대신에 Ctrl + X 키를 눌러 잘라내기를 할 수 있습니다.

⓬ 수식 입력줄에서 다시 [수식] 탭의 [함수 라이브러리] 그룹에서 [논리]−[IF]를 선택합니다.

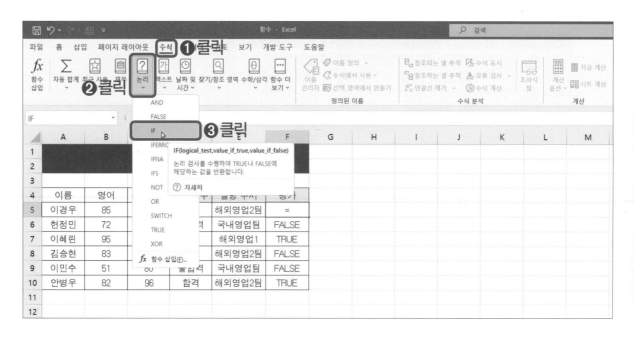

⑬ [함수 인수] 대화상자에서 'Logical_test'에 커서를 두고 마우스 오른쪽 버튼을 클릭하여 [붙여넣기] 메뉴를 클릭합니다.

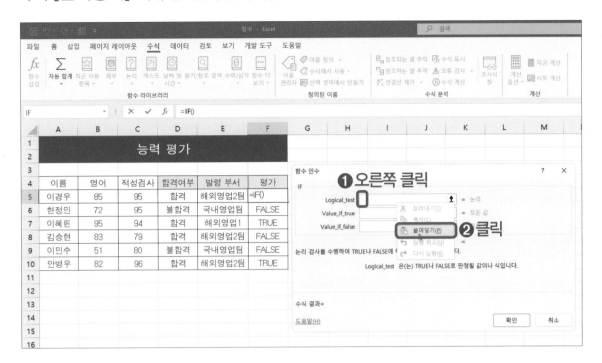

 [붙여넣기] 대신에 Ctrl + V 키를 눌러 붙여넣기를 할 수 있습니다.

⑭ 첫 번째 인수('Logical_test')에는 붙여넣기를 통해 값이 입력되어 있고, 두 번째 인수('Value_if_true')에는 **"우수"**, 세 번째 인수('Value_if_false')에는 공백을 표시하기 위해 **" "**을 입력하고 [확인] 단추를 클릭합니다.

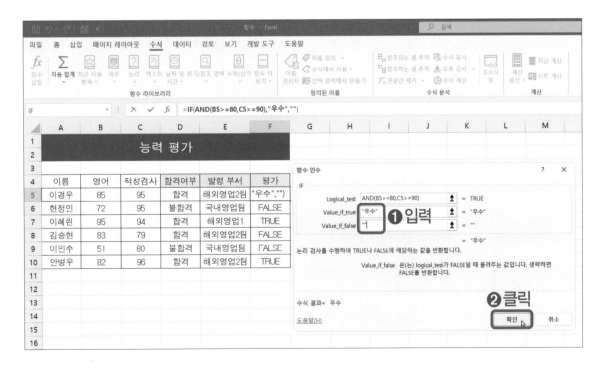

⑮ [F5] 셀의 채우기 핸들을 이용하여 [F10] 셀까지 수식을 복사하면 다음과 같은 결과를 확인할 수 있습니다.

함수식　[D5] 셀 『=IF(B5>=80,"합격","불합격")』

　　　　[E5] 셀 『=IF(B5>=90,"해외영업1팀",IF(B5>=80,"해외영업2팀","국내영업팀"))』

　　　　[F5] 셀 『=IF(AND(B5>=80,C5>=90),"우수","")』

 통계 함수 ('통계' 시트에서)

통계 함수는 각종 통계 관련 식을 작성해 주는 함수를 모아놓은 것입니다. 검색, 비교할 수 있으며, 영문의 경우 대소문자를 변환할 수도 있습니다.

■ 통계 함수

함수	설명	예	결과
AVERAGE(범위)	평균	=AVERGE(90,60)	75
AVERAGEA(범위)	평균 (문자열, 논리값도 계산에 포함)	=AVERGEA(90,False,60)	50
MAX(범위)	최대값	=MAX(1,2,3)	3
MIN(범위)	최소값	=MIN(1,2,3)	1
COUNT(범위)	숫자의 개수	=COUNT(1,2,3)	3

함수	설명
COUNTA(범위)	공백을 제외한 셀의 개수
COUNTBLANK(범위)	범위에서 비어 있는 셀의 개수
COUNTIF(범위,"조건")	범위에서 조건에 맞은 개수
COUNTIFS(범위1,"조건1", 범위2,"조건2"…)	각각의 범위에서 각각의 조건에 맞는 개수
LARGE(범위,K)	범위에서 K번째 큰 값
SMALL(범위,K)	범위에서 K번째 작은 값
RANK.EQ(기준,범위,순서)	=RANK.EQ(A1,$A$1:$A$10,0) : [A1:A10] 영역에서 [A1] 셀의 순위를 구함

RANK.EQ 함수 〈순서〉
0 또는 FALSE : 내림차순(가장 큰 값이 1등) – 생략하면 FALSE가 됨
1 또는 TRUE : 오름차순(가장 작은 값이 1등)
※ 범위는 고정된 영역을 참조해야 하므로 절대 주소 형식을 사용

인터넷 선호도, ARS 투표수, 심사위원 점수의 평균 구하기

1 [E6:G14] 영역을 범위 지정한 후 [수식] 탭의 [함수 라이브러리] 그룹에서 [**자동 합계**]–[**평균**]을 선택합니다.

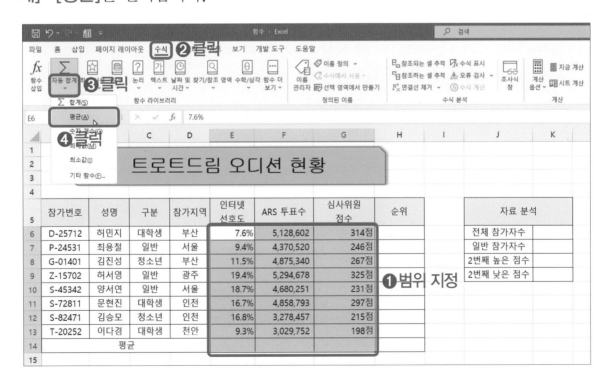

ARS 투표수를 이용하여 순위(RANK.EQ) 구하기

❷ [H6] 셀을 클릭한 후 [수식] 탭의 [함수 라이브러리] 그룹에서 [함수 더 보기 ⋯] −[통계]−[RANK.EQ]를 선택합니다.

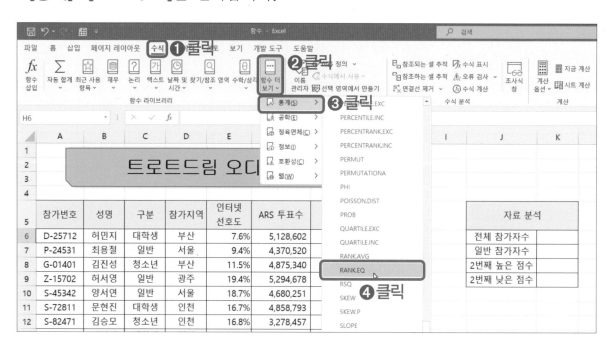

❸ [함수 인수] 대화상자에서 다음과 같이 입력하고 [확인] 단추를 클릭합니다.

'Number'에는 ARS 투표수의 첫 번째 데이터 [F6] 셀, 'Ref'는 순위를 통해 비교할 대상 [F6:F13]을 드래그하는데, 주의할 것은 비교할 대상은 수식을 복사해도 항상 고정된 위치를 참조하기 때문에 드래그한 후 바로 F4키를 눌러 절대참조를 합니다. 'Order'는 내림 차순(큰 값이 1등)이면 생략합니다.

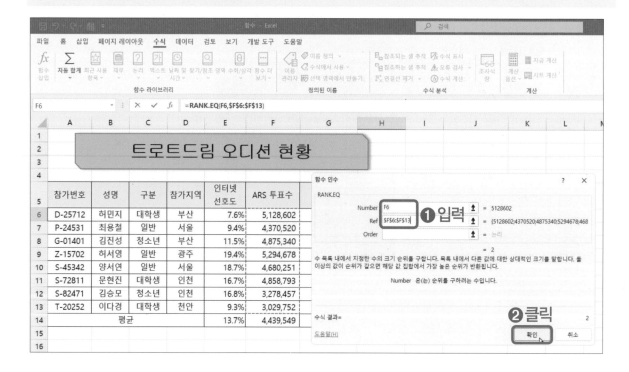

④ [H6] 셀의 채우기 핸들을 이용하여 [H13] 셀까지 수식을 복사합니다.

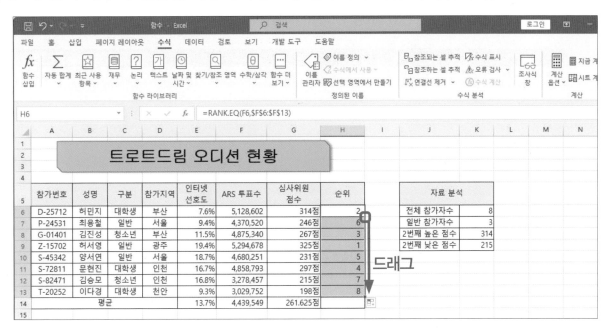

성명을 이용하여 전체 참가자수 구하기(COUNTA)

⑤ [K6] 셀을 클릭한 후 [수식] 탭의 [함수 라이브러리] 그룹에서 [함수 더 보기]-[통계]-[COUNTA]를 선택합니다.

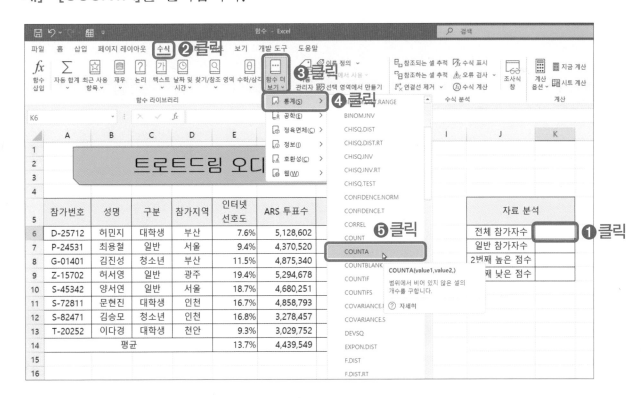

6 [함수 인수] 대화상자에서 다음과 같이 입력하고 [확인] 단추를 클릭합니다. COUNTA 함수는 비어 있지 않는 셀의 개수를 구합니다.

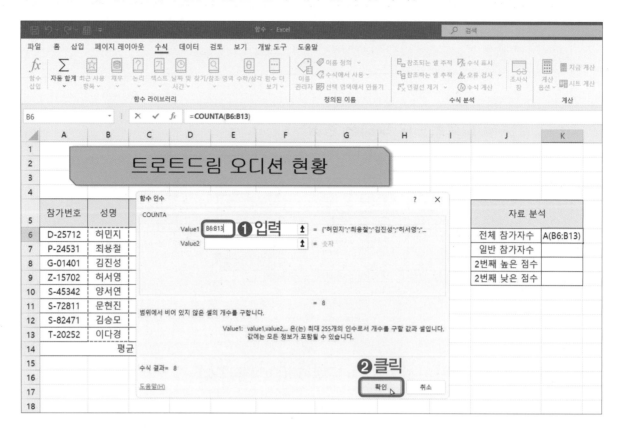

구분에서 '일반'에 해당한 참가자수 구하기(COUNTIF)

7 [K7] 셀을 클릭한 후 [수식] 탭의 [함수 라이브러리] 그룹에서 [함수 더 보기]−[통계]−[COUNTIF]를 선택합니다.

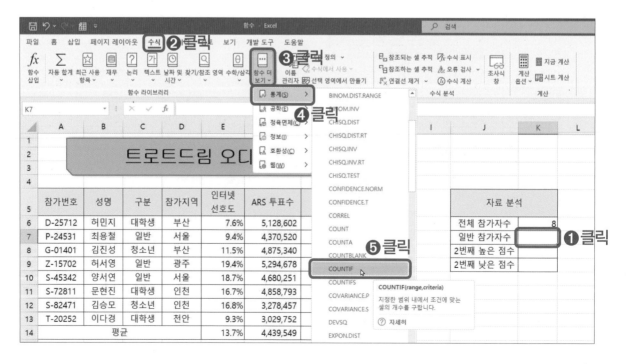

8 [함수 인수] 대화상자에서 다음과 같이 입력하고 [확인] 단추를 클릭합니다. 'Range'는 [C6:C13]으로 데이터를 찾을 범위, 'Criteria'는 **일반**으로 찾을 조건을 입력합니다.

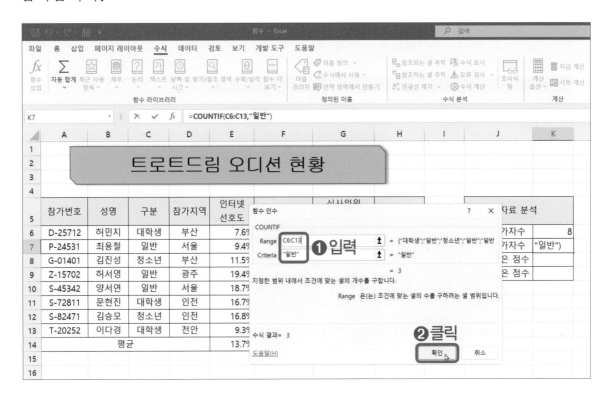

심사위원 점수가 두 번째로 높은 점수는 몇 점?(LARGE)

9 [K8] 셀을 클릭한 후 [수식] 탭의 [함수 라이브러리] 그룹에서 [함수 더 보기]-[통계]-[LARGE]를 선택합니다.

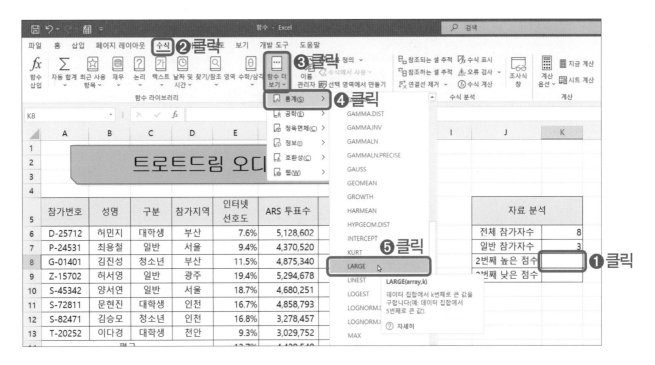

⑩ [함수 인수] 대화상자에서 다음과 같이 입력하고 [확인] 단추를 클릭합니다. 'Array' 는 심사위원점수[G6:G13], 'K'는 몇 번째에 해당한 값 『2』를 입력합니다.

> 점수가 가장 높은 점수를 구할 때는 MAX 함수를 통해 범위만 지정하면 되고, LARGE 함수를 이용할 때는 [범위]와 몇 번째를 입력합니다.

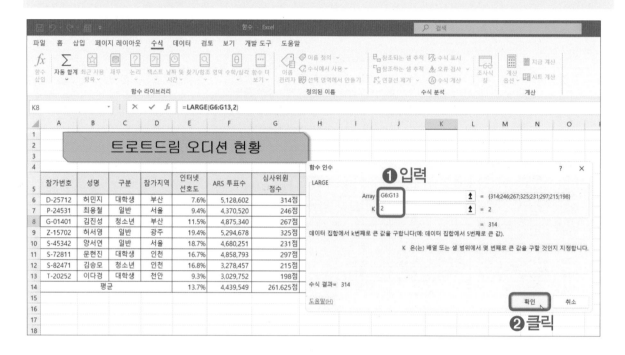

심사위원 점수가 두 번째로 낮은 점수는 몇 점?(SMALL)

⑪ [K9] 셀을 클릭한 후 [수식] 탭의 [함수 라이브러리] 그룹에서 [함수 더 보기]-[통계]-[SMALL]을 선택합니다.

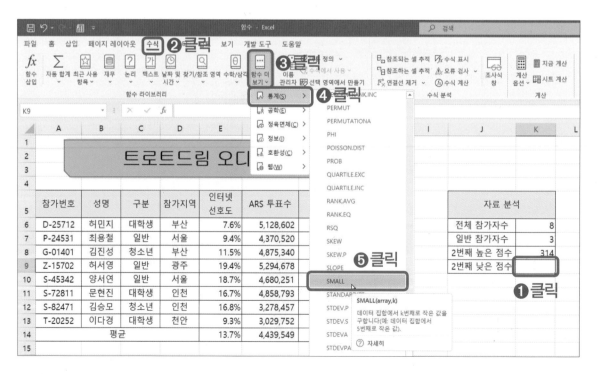

⓬ [함수 인수] 대화상자에서 다음과 같이 입력하고 [확인] 단추를 클릭합니다. 'Array' 는 심사위원점수[G6:G13], 'K'는 몇 번째에 해당한 값『2』를 입력합니다.

> 점수가 가장 낮은 점수를 구할 때는 MIN 함수를 통해 범위만 지정하면 되고, SMALL 함 수를 이용할 때는 [범위]와 몇 번째를 입력합니다.

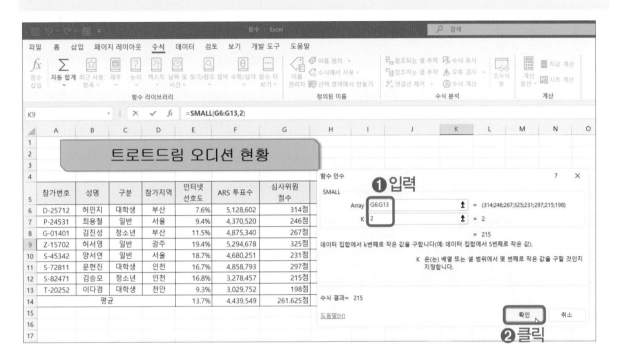

⓭ 다음과 같이 수식이 입력됩니다.

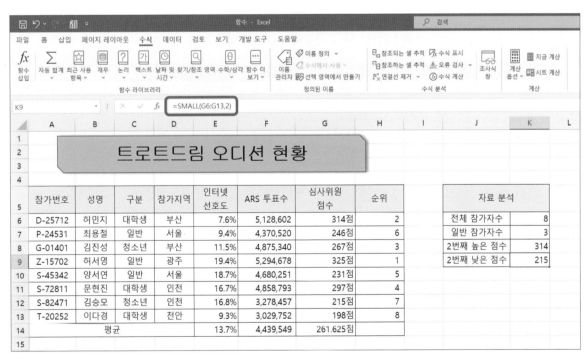

함수식   [E14] 셀 『=AVERAGE(E6:E13)』, [H6] 셀 『=RANK.EQ(F6,$F$6:$F$13)』,
[K6] 셀 『=COUNTA(B6:B13)』, [K7] 셀 『=COUNTIF(C6:C13,"일반")』,
[K8] 셀 『=LARGE(G6:G13,2)』, [K9] 셀 『=SMALL(G6:G13,2)』

실습 4 · 찾기/참조 함수 ('찾기참조' 시트에서)

찾기 함수는 정해진 표에서 특정한 셀의 자료를 찾아 표시하는 함수입니다.

찾기/참조 함수의 종류

함수	설명
VLOOKUP(검색값,범위,열번호,검색 유형)	범위의 첫 열에서 검색값을 찾아, 지정한 열에서 같은 행에 있는 값을 표시
HLOOKUP(검색값,범위,행번호,검색 유형)	범위의 첫 행에서 검색값을 찾아, 지정한 행에서 같은 열에 있는 값을 표시
CHOOSE(인덱스 번호,값1,값2,…)	인덱스 번호에 해당하는 값을 표시
INDEX(범위,행 번호,열 번호,참조 영역 번호)	행과 열의 교차된 자료 출력

'제품번호' 앞의 한자리를 이용하여 [표2]에서 '분류'를 찾아 표시하기(HLOOKUP)

1 [C4] 셀에 『=LEFT(A4,1)』을 입력하고 'LEFT(A4,1)'을 범위 지정한 후 마우스 오른쪽 버튼을 클릭하여 [잘라내기] 메뉴를 클릭합니다.

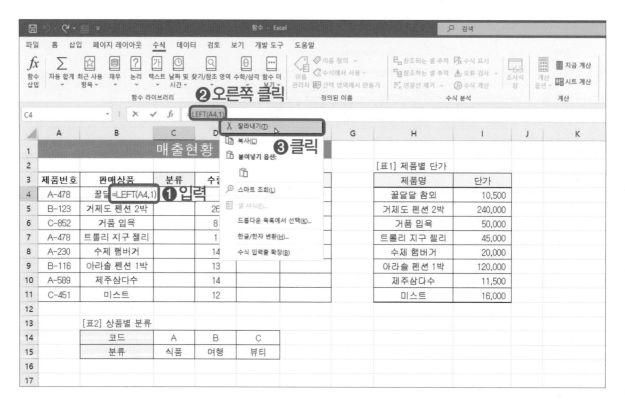

❷ [C4] 셀을 클릭한 후 [수식] 탭의 [함수 라이브러리] 그룹에서 [찾기/참조 영역 🔍]
–[HLOOKUP]을 선택합니다.

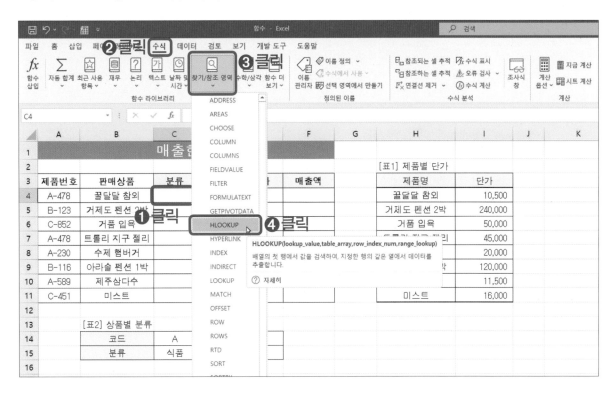

❸ 'Lookup_value'에 커서를 두고 마우스 오른쪽 버튼을 클릭하여 [붙여넣기] 메뉴를
클릭합니다.

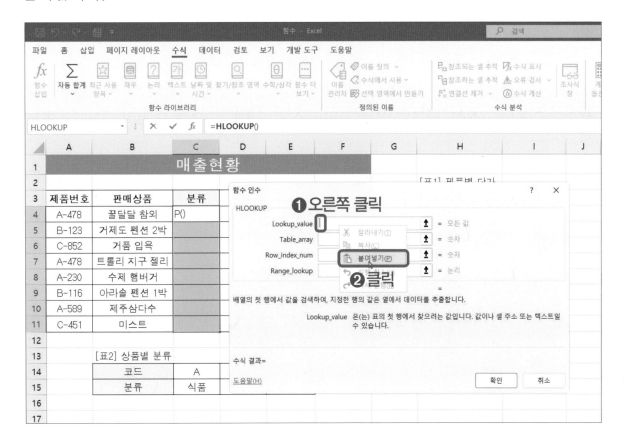

④ [함수 인수] 대화상자에서 다음과 같이 입력하고, [확인] 단추를 클릭한 후 [C11] 셀까지 수식을 복사합니다.

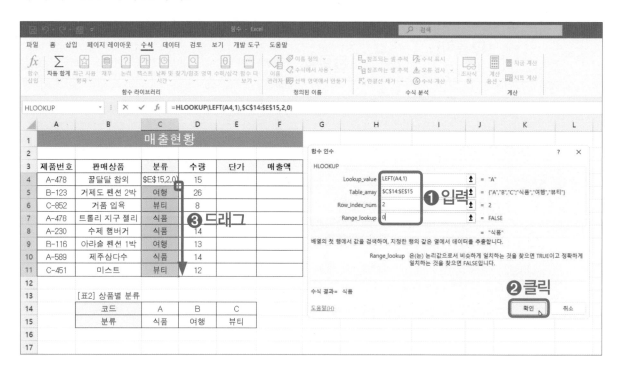

[C4] 셀 『=HLOOKUP(LEFT(A4,1),$C$14:$E$15,2,0)』 : [C4] 셀의 왼쪽에서 한자리를 추출한 후, 그 값을 [C14:E15] 영역의 첫 번째 행에서 정확하게 일치하는 값을 찾아 두 번째 행의 데이터를 가져옵니다.

판매상품을 [표1]에서 '제품명'이 일치하는 것을 찾아 '단가'를 추출하기(VLOOKUP)

⑤ [E4] 셀을 클릭한 후 [수식] 탭의 [함수 라이브러리] 그룹에서 [찾기/참조 영역]-[VLOOKUP]을 선택합니다.

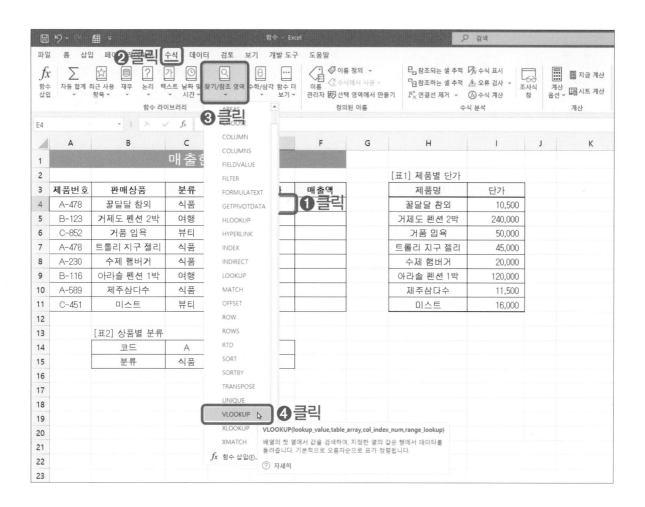

6 [함수 인수] 대화상자에서 다음과 같이 입력하고 [확인] 단추를 클릭한 후 [E11] 셀 까지 수식을 복사합니다.

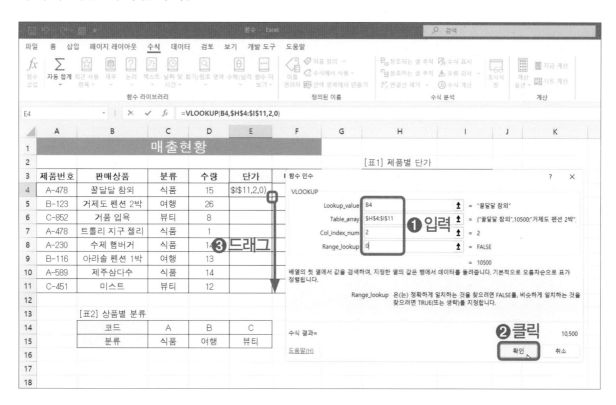

'Lookup_value'는 찾을 판매상품[B4]을 넣고, 'Table_array'에서는 단가표를 범위 [H4:I11]로 지정한 후, 'Col_index_num'에서는 단가표에서 단가는 두 번째 열에 있으므로 2로 지정합니다. Range_lookup은 정확하게 일치하는 값을 찾기 위해 0을 지정합니다.

함수식 [E4] 셀 『=VLOOKUP(B4,$H$4:$I$11,2,0)』

매출액은 '=수량*단가'

7 [F4] 셀에 『=D4*E4』를 입력한 후 [F11] 셀까지 수식을 복사합니다.

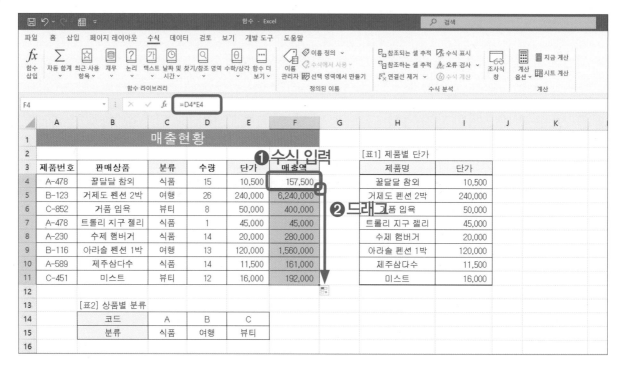

1 다음의 지시사항을 처리하시오. ('혼자서1' 시트)

① [표1]에서 점수가 70점 이상인 학생의 수를 구하시오. (COUNTIF 함수 사용)

② [표2]에서 '5/3', '5/14', '5/23'의 출석인원(○)을 계산하시오. (COUNTA 함수 사용)

③ [표3]에서 '1월', '2월', '3월'의 회비 미납자 수를 구하시오. (COUNTBLANK 함수 사용)

	A	B	C	D	E	F	G	H	I	J	K	L	M	N
1	[표1] 영어시험				[표2] 출석현황					[표3] 회비납부현황				
2	지역	성명	점수		성명	5/3	5/14	5/23		성명	1월	2월	3월	
3	서울	박정호	73		어동철	○		○		이동한	납부		납부	
4	부산	신정희	68		인당수		○			어형부		납부		
5	마산	김용태	98		기형도	○		○		강철민	납부		납부	
6	서울	김진영	65		안지만	○	○			오지훈		납부		
7	춘천	유현숙	78		신호연			○		사용철			납부	
8	서울	최정렬	80		윤동훈	○	○	○		우동철		납부	납부	
9	안동	강창희	75		임미영		○	○		유민국	납부	납부		
10	서울	천영주	70		이도원		○			이주아	납부	납부		
11	광주	박인수	68		구대성	○		○		안동수			납부	
12	70점 이상		6		출석인원	5	5	6		미납자수	5	4	4	
13														

> **Hint!** 70점 이상 : 『=COUNTIF(C3:C11,")=70")』, 출석인원 : 『=COUNTA(F3:F11)』,
> 미납자수 : 『=COUNTBLANK(K3:K11)』을 입력합니다.

2 다음의 지시사항을 처리하시오. ('혼자서2' 시트)

① 순위 ⇒ 출발인원의 내림차순 순위를 구한 결과값에 '위'를 붙이시오.
   (RANK.EQ 함수, & 연산자) (예 1위)

② 비고 ⇒ 상품코드의 첫 글자가 F이면 '자유여행', 그 외에는 공백으로 구하시오.
   (IF, LEFT 함수)

③ 하나항공 상품개수 ⇒ 항공사가 하나항공에 해당한 상품의 개수를 구하시오.(COUNTIF 함수)

상품코드	지역	여행지	항공사	일정(일)	출발인원	공제 마일리지	순위	비고
			두리여행 마일리지 투어 상품					
K-85074	유럽	이탈리아	하나항공	7	17명	169,000	5위	
H-35035	동남아	보라카이	블루항공	5	26명	80,000	3위	
F-51166	미주	뉴욕	하나항공	8	32명	155,000	1위	자유여행
H-34122	동남아	방콕	그린항공	6	12명	70,000	6위	
P-76117	동남아	보홀	하나항공	4	9명	115,000	8위	
F-06048	미주	보스턴	그린항공	5	27명	125,000	2위	자유여행
H-94122	유럽	파리	블루항공	7	10명	190,000	7위	
L-62021	동남아	빈탄	블루항공	3	21명	90,000	4위	
하나항공 상품개수			3		최대 공제 마일리지			
출발인원 평균				여행지	이탈리아	출발인원		

Hint! 순위 : 『=RANK.EQ(G5,$G$5:$G$12&"위")』, 비고 : 『=IF(LEFT(B5,1)="F","자유여행","")』,
하나항공 상품개수 : 『=COUNTIF(E5:E12,"하나항공")』을 입력합니다.

3 다음의 지시사항을 처리하시오. ('혼자서2' 시트)

① 최대 공제 마일리지 ⇒ 공제 마일리지의 최대값을 구하시오. (MAX 함수)

② 출판인원 평균 ⇒ 출판인원의 평균을 구하시오. (AVERAGE 함수)

③ 출판인원 ⇒ [H14] 셀에서 선택한 여행지에 대한 출발인원을 표시하시오. (VLOOKUP 함수)

상품코드	지역	여행지	항공사	일정(일)	출발인원	공제 마일리지	순위	비고
			두리여행 마일리지 투어 상품					
K-85074	유럽	이탈리아	하나항공	7	17명	169,000	5위	
H-35035	동남아	보라카이	블루항공	5	26명	80,000	3위	
F-51166	미주	뉴욕	하나항공	8	32명	155,000	1위	자유여행
H-34122	동남아	방콕	그린항공	6	12명	70,000	6위	
P-76117	동남아	보홀	하나항공	4	9명	115,000	8위	
F-06048	미주	보스턴	그린항공	5	27명	125,000	2위	자유여행
H-94122	유럽	파리	블루항공	7	10명	190,000	7위	
L-62021	동남아	빈탄	블루항공	3	21명	90,000	4위	
하나항공 상품개수			3		최대 공제 마일리지			190,000
출발인원 평균			19	여행지	이탈리아	출발인원		17

Hint! 최대 공제 마일리지 : 『=MAX(H5:H12)』, 출발인원 평균 : 『=AVERAGE(G5:G12)』,
출발인원 : 『=VLOOKUP(H14,D5:H12,4,0)』을 입력합니다.

4 다음의 지시사항을 처리하시오. ('혼자서3' 시트)

① 입주 동호수 ⇒ 계약코드의 마지막 7개 글자를 구하시오. (RIGHT 함수)

② 비고 ⇒ 작업인원이 '4' 이상이면서 견적금액(단위:원)이 '2,000,000' 이하이면 '★', 그 외에는 공백으로 나타내시오. (IF, AND 함수)

③ 최소 작업인원 ⇒ 작업인원의 최소값을 구하시오. (MIN 함수)

계약코드	입주자	이사형태	작업인원	견적금액 (단위:원)	사은품	예정물량(톤)	입주 동호수	비고
AM103-603	김천호	포장이사	4명	1,700,000	새집증후군	5/1.5		
PM106-204	이종로	일반이사	6명	2,800,000	입주선물세트	8		
AM207-908	원낙원	포장이사	3명	1,700,000	입주청소	5		
AM103-606	박금호	지방이사	6명	2,900,000	새집증후군	8		
PA109-508	정한남	포장이사	5명	2,500,000	입주선물세트	8		
AM111-121	임강남	포장이사	2명	1,000,000	입주청소	2.5		
AM102-159	최강북	일반이사	4명	1,600,000	새집증후군	5/1.5		
AM103-610	고양재	지방이사	3명	2,650,000	입주선물세트	5		
최소 작업인원					포장이사 계약 건수			
견적금액의 평균				입주자	김천호	사은품		

Hint! 입주 동호수 : 『=RIGHT(B5,7)』, 비고 : 『=IF(AND(E5>=4,F5<=2000000),"★","")』,
최소 작업인원 : 『=MIN(E5:E12)』를 입력합니다.

5 다음의 지시사항을 처리하시오. ('혼자서3' 시트)

① 포장이사 계약 건수 ⇒ 이사형태에서 '포장이사'에 해당한 자료의 개수를 구하시오. (COUNTIF 함수)

② 견적금액의 평균 ⇒ 견적금액의 평균을 구하시오. (AVERAGE 함수)

③ 사은품 ⇒ [H14] 셀에서 선택한 입주자에 대한 사은품을 구하시오. (VLOOKUP 함수)

계약코드	입주자	이사형태	작업인원	견적금액 (단위:원)	사은품	예정물량(톤)	입주 동호수	비고
AM103-603	김천호	포장이사	4명	1,700,000	새집증후군	5/1.5	103-603	★
PM106-204	이종로	일반이사	6명	2,800,000	입주선물세트	8	106-204	
AM207-908	원낙원	포장이사	3명	1,700,000	입주청소	5	207-908	
AM103-606	박금호	지방이사	6명	2,900,000	새집증후군	8	103-606	
PA109-508	정한남	포장이사	5명	2,500,000	입주선물세트	8	109-508	
AM111-121	임강남	포장이사	2명	1,000,000	입주청소	2.5	111-121	
AM102-159	최강북	일반이사	4명	1,600,000	새집증후군	5/1.5	102-159	★
AM103-610	고양재	지방이사	3명	2,650,000	입주선물세트	5	103-610	
최소 작업인원			2		포장이사 계약 건수			4
견적금액의 평균			2,106,250		입주자	김천호	사은품	새집증후군

6 다음의 지시사항을 처리하시오. ('혼자서4' 시트)

① 강사료 ⇒ 수강인원의 첫 번째 숫자가 1이면 '50,000', 2이면 '52,000', 3이면 '55,000'을 표시하시오. (CHOOSE, LEFT 함수)

② 인기강좌 ⇒ 수강인원이 '30' 이상이면 '☆', 그 외에는 공백으로 나타내시오. (IF 함수)

③ 수강인원 평균 ⇒ 수강인원의 평균을 구하시오. (AVERAGE 함수)

④ 최다 수강인원 ⇒ 수강인원에서 최대값을 구하시오. (MAX 함수)

⑤ 공예 강좌 개수 ⇒ 분류가 공예에 해당한 개수를 구하시오. (COUNTIF 함수)

⑥ 강사명 ⇒ [H14] 셀에서 선택한 강좌명에 대한 강사명을 구하시오. (VLOOKUP 함수)

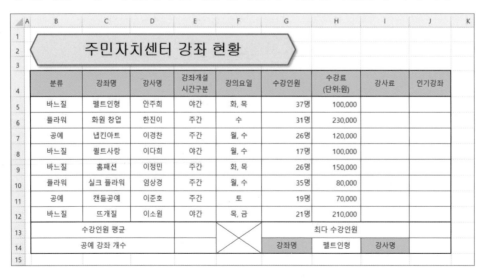

분류	강좌명	강사명	강좌개설 시간구분	강의요일	수강인원	수강료 (단위:원)	강사료	인기강좌
바느질	펠트인형	안주희	야간	화, 목	37명	100,000		
플라워	화원 창업	한진이	주간	수	31명	230,000		
공예	냅킨아트	이경찬	주간	월, 수	26명	120,000		
바느질	퀼트사랑	이다희	야간	월, 수	17명	100,000		
바느질	홈패션	이정민	주간	화, 목	26명	150,000		
플라워	실크 플라워	임상경	주간	월, 수	35명	80,000		
공예	캔들공예	이준호	주간	토	19명	70,000		
바느질	뜨개질	이소원	야간	목, 금	21명	210,000		
수강인원 평균					최다 수강인원			
공예 강좌 개수					강좌명	펠트인형	강사명	

08장 차트 만들기

차트는 워크시트의 데이터 내용을 막대나 선, 도형, 그림 등을 사용하여 시각적으로 표현하여 데이터를 비교, 분석, 예측할 수 있습니다. 차트는 워크시트 데이터와 연결되어 있어 원본 데이터를 바꾸면 자동으로 차트 모양도 변경됩니다.

완•성•파•일 미•리•보•기

무료 동영상

◎ 예제 파일 : 차트.xlsx
◉ 완성 파일 : 차트(결과).xlsx

월	전기사용량 (kWh)	수도사용량 (L)	가스사용량 (m³)	난방사용량 (m³)
1월	300	10,000	20	30
2월	320	11,000	22	35
3월	310	10,500	21	32
4월	290	9,500	19	28
5월	305	10,200	20	33
6월	295	9,800	19	30
7월	300	10,000	21	32
8월	310	10,500	22	35
9월	292	9,300	19	28
10월	308	10,100	21	34
11월	297	9,700	20	31
12월	310	11,000	23	52

우리집 월별 에너지 소비량

월별 에너지 소비 추이

체•크•포•인•트

실습1 차트를 작성해 보고, 차트 종류를 바꾸어 차트를 표현해 봅니다.

실습2 차트 스타일을 이용하여 간편하게 서식을 지정해 보고, 차트 요소를 이용하여 차트에 표시할 구성 요소를 추가하고, 차트에 세부적인 서식을 지정해 봅니다.

실습 1 **차트를 삽입하고 차트 크기 조절하기**

입력된 데이터를 범위 지정만으로 차트를 쉽게 작성할 수 있으며, 특정 계열에 대해서 차트 종류를 바꾸어 차이가 크게 나는 데이터를 하나의 차트로 표현하는 방법을 살펴봅니다. 또한, 작성한 차트를 이동하고 크기를 조절하여 표시해 봅니다.

차트 삽입하기

1 [B4:C16] 영역을 범위 지정한 후 Ctrl 키를 누른 상태에서 [E4:F16] 영역을 지정한 후 [삽입] 탭의 [차트] 그룹에서 [꺾은선형 또는 영역형 차트 삽입 〜]-[표식이 있는 꺾은선형]을 클릭합니다.

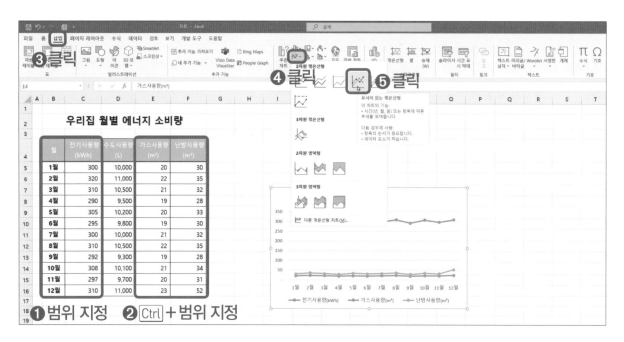

실력쑥쑥 🌱 TIP **차트 종류**

- 세로 막대형 : 항목별 값의 비교를 나타내는 데 유용하다.
- 꺾은선형 : 일정 간격에 따라 데이터의 추세를 표시하는 데 유용하다.
- 원형 차트 : 전체 항목에 대한 각 항목의 비율을 표시할 때 유용하다.
- 가로 막대형 : 개별 항목을 비교하여 보여 준다.
- 영역형 차트 : 시간에 따른 각 값의 변화량을 비교할 때 유용하다.
- 분산형 차트 : 관련된 두 항목의 연관 관계를 표시하는 데 유용하다.

차트 이동과 차트 크기 조절하기

2 차트가 삽입되면 차트를 선택한 후 십자 화살표(✛)의 마우스 포인트에서 드래그하여 [G4] 셀로 이동한 후, 오른쪽 하단의 모서리에 마우스 포인터를 맞추어 양쪽 화살표(↘)일 때 드래그하여 [Q16] 셀까지 크기를 조절합니다.

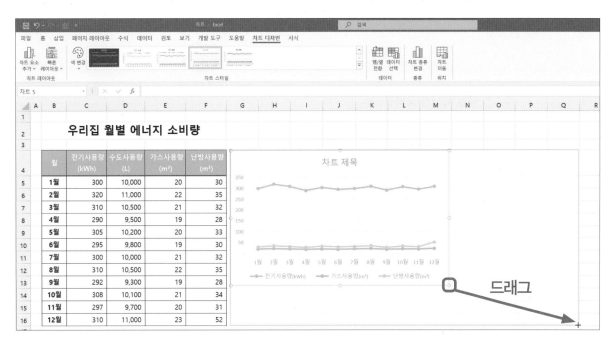

TIP
- 차트를 삭제할 때는 차트를 선택한 후 Delete 키를 눌러 삭제합니다.
- Alt 키를 누르고 차트 모서리를 드래그하면 정확하게 [Q16] 셀까지 크기를 맞출 수 있습니다.

차트 종류 바꾸기

3 차트 전체의 종류를 바꿀 때는 차트 영역에서 [삽입] 탭의 [차트] 그룹에서 [세로 또는 가로 막대형 차트 삽입 📊]-[2차원 세로 막대형]-[묶은 세로 막대형]을 클릭합니다.

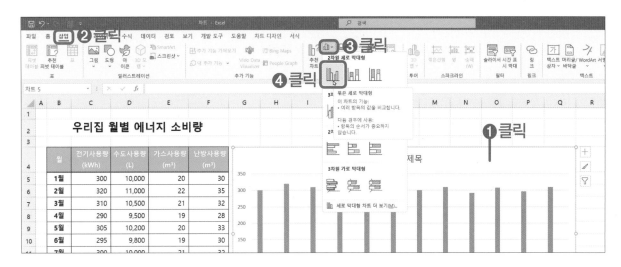

'전기사용량(kwh)' 계열만 꺾은선형 차트 바꾸기

④ '전기사용량(kWh)' 계열을 선택한 후 [삽입] 탭의 [차트] 그룹에서 [꺾은선형 또는 영역형 차트 삽입]-[표식이 있는 꺾은선형]을 클릭합니다.

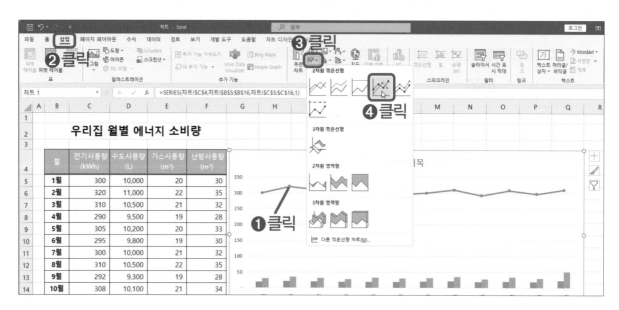

 **TIP** 특정 계열만 차트 종류 변경

차트 종류를 변경할 데이터 계열을 선택하고 [차트 디자인] 탭의 [차트 종류 변경 ▯]을 클릭한 후 원하는 차트를 선택합니다.

'전기사용량(kwh)' 계열을 보조 축으로 표시하기

⑤ '전기사용량(kwh)' 계열을 선택한 후 마우스 오른쪽 버튼을 클릭하여 [데이터 계열 서식] 메뉴를 선택합니다.

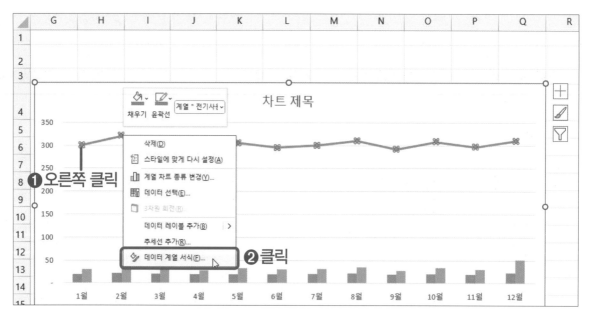

6 [데이터 계열 서식] 대화상자의 '계열 옵션 📊'에서 '**보조 축**'을 선택하고 [닫기] 단추를 클릭합니다.

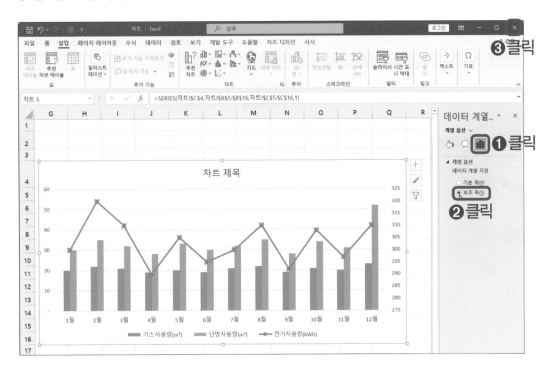

7 가스사용량(m³)과 난방사용량(m³)은 '세로 막대형'의 기본 축으로, 전기사용량(kWh)은 '표식이 있는 꺾은선형'의 보조 축으로 나누어 표시됩니다.

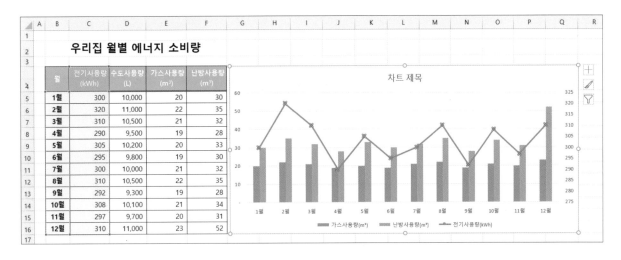

실습2 **차트 서식 지정하기**

엑셀에서 제공하는 스타일을 이용하여 쉽게 차트에 서식을 지정할 수 있으며, 차트 요소를 이용하여 차트의 구성 요소를 추가하여 표시해 봅니다.

차트 스타일 적용하기

1 차트를 선택한 후 [차트 디자인] 탭의 [차트 스타일] 그룹에서 [색 변경 🎨] 도구를 클릭하여 색상형의 '**다양한 색상표 3**'을 선택합니다.

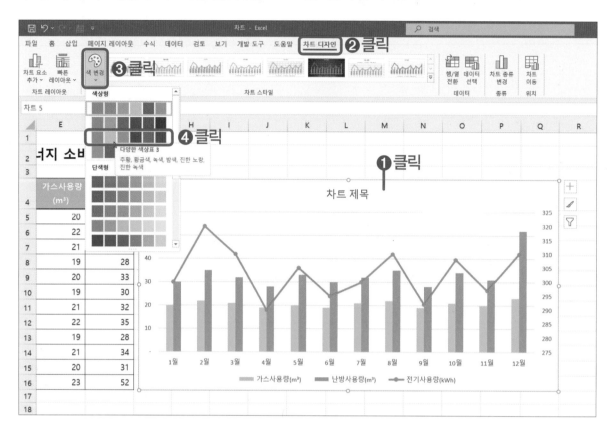

2 차트 스타일 목록에서 '**스타일 5**'를 선택합니다.

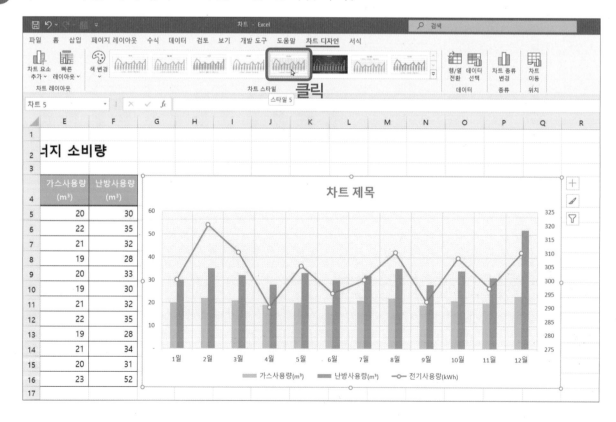

차트 제목

③ 차트 제목을 선택한 후 『**월별 에너지 소비 추이**』를 입력합니다.

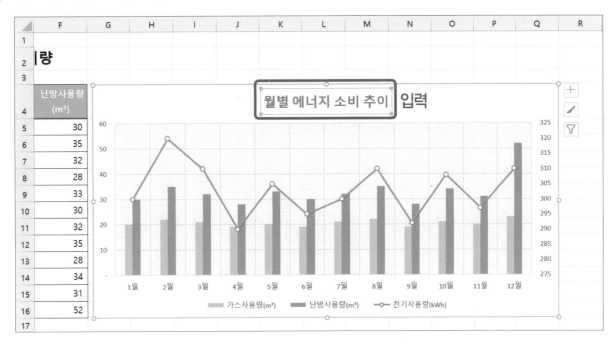

④ 차트 제목에서 마우스 오른쪽 버튼을 클릭한 후 [스타일 🖌] 메뉴를 클릭하여 '색 윤곽선 – 녹색, 강조 6'을 선택합니다.

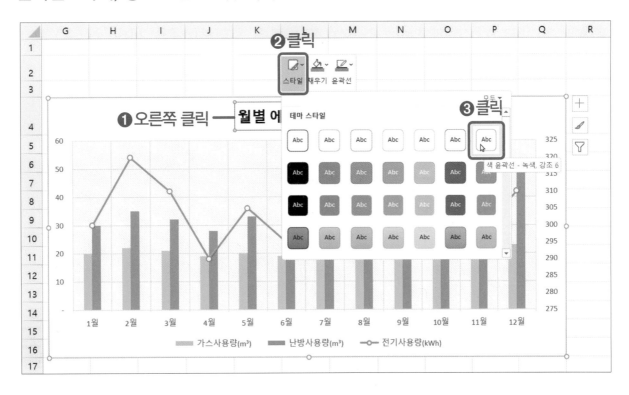

데이터 레이블 표시하기

5 '난방사용량(㎥)' 계열을 선택한 후 [차트 요소 ➕]를 클릭하고 [데이터 레이블]-[가운데 맞춤]을 클릭합니다.

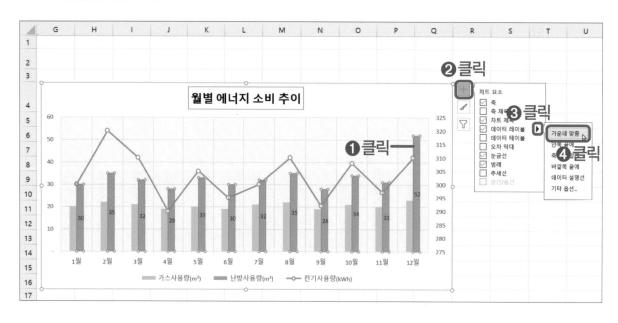

축 서식 지정하기

6 보조 세로 (값) 축에서 마우스 오른쪽 버튼을 클릭하여 [축 서식] 메뉴를 클릭합니다.

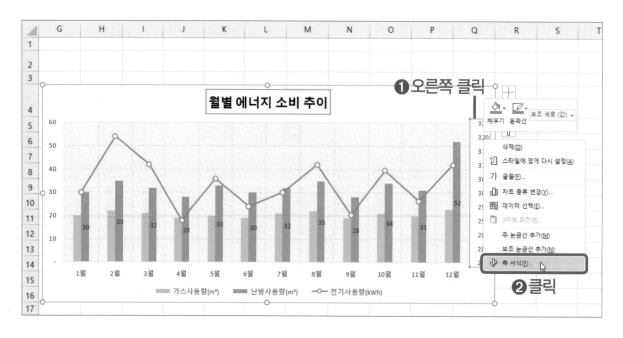

⑦ [축 서식]의 '축 옵션'에서 '단위 기본'에 『10』을 입력하고 [닫기] 단추를 클릭합니다.

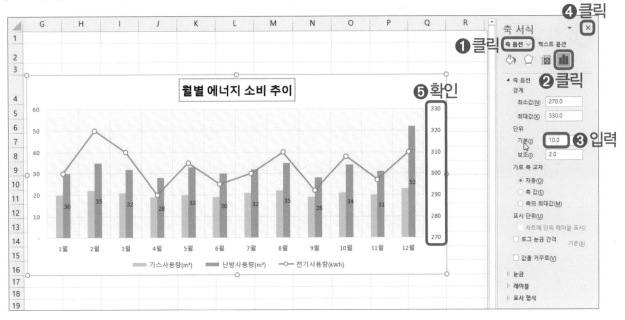

도형 스타일 적용하기

⑧ 차트를 선택한 후 [서식] 탭의 [도형 스타일] 그룹에서 [자세히 ⌄] 단추를 클릭하여 '색 윤곽선 – 녹색, 강조 6'을 선택합니다.

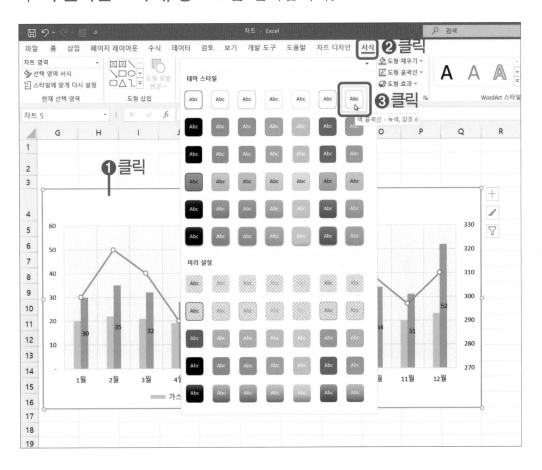

축 제목 입력하기

9 차트를 선택한 후 [차트 요소 +]를 클릭하고, [축 제목]을 클릭하여 '기본 세로', '보조 세로'를 체크합니다.

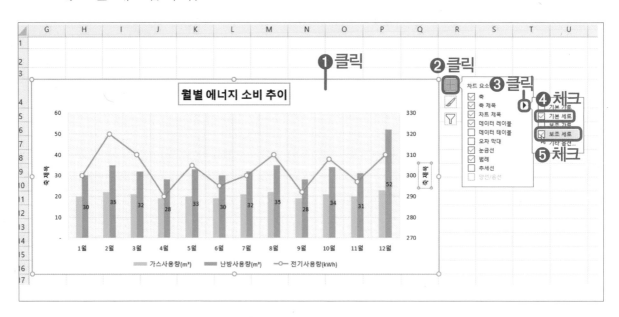

10 기본 세로 (값) 축에는 가스와 난방 사용량의 단위 『(m³)』, 보조 세로 (값) 축에는 전기 사용량의 단위 『(kWh)』를 입력합니다(m³는 한글 자음 'ㄹ'을 입력하고 [한자] 키를 눌러 입력).

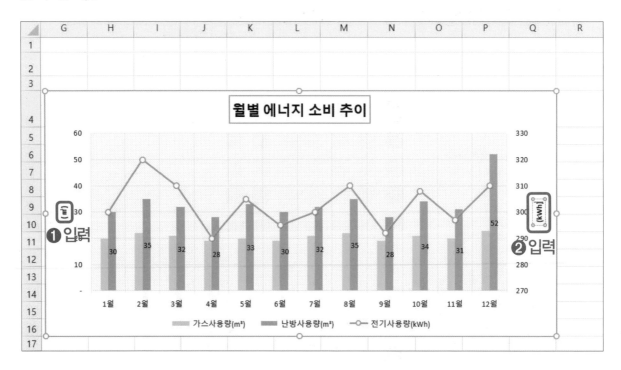

⑪ 기본 세로 (값) 축 제목 '(m³)'를 선택한 후 마우스 오른쪽 버튼을 클릭하여 [축 제목 서식] 메뉴를 클릭합니다.

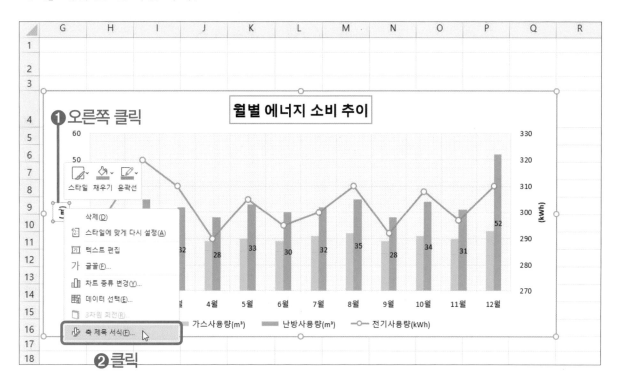

⑫ [축 제목 서식]의 [제목 옵션]을 클릭하여 '텍스트 상자'에서 '텍스트 방향'은 '가로'를 선택합니다. 같은 방법으로 보조 세로 (값) 축도 텍스트 방향을 '가로'로 바꿉니다.

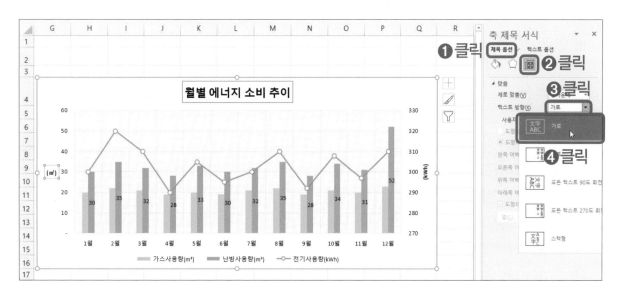

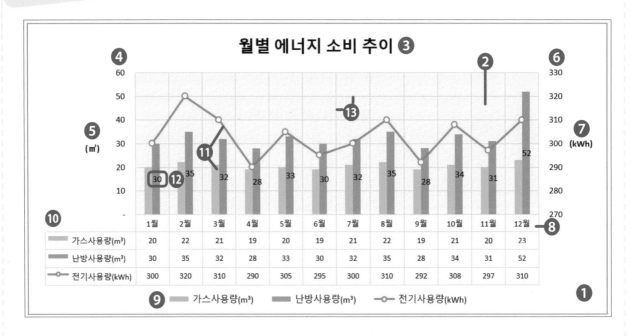

월별 에너지 소비 추이 ❸

❿	1월	2월	3월	4월	5월	6월	7월	8월	9월	10월	11월	12월
가스사용량(m³)	20	22	21	19	20	19	21	22	19	21	20	23
난방사용량(m³)	30	35	32	28	33	30	32	35	28	34	31	52
전기사용량(kWh)	300	320	310	290	305	295	300	310	292	308	297	310

❾ 가스사용량(m³) 난방사용량(m³) 전기사용량(kWh)

❶ 차트 영역 : 차트 전체 영역을 의미하며 차트의 위치 및 크기 조절 및 글꼴 변경

❷ 그림 영역 : 실제 차트가 표시되는 영역

❸ 차트 제목 : 차트의 제목을 표시하는 부분

❹ 세로 (값) 축 : 그래프의 높낮이를 결정하는 데 기준이 되는 기준선으로 수치 자료를 나타내는 선

❺ 세로 (값) 축 제목 : 세로 (값) 축의 수치가 무엇을 의미하는 것인지를 알려주는 문자열

❻ 보조 세로 (값) 축 : 혼합 차트의 경우 보조 세로 (값) 축의 눈금은 연결된 데이터 계열의 값을 표시

❼ 보조 세로 (값) 축 제목 : 보조 세로 (값) 축의 수치가 무엇을 의미하는 것인지를 알려주는 문자열

❽ 가로 (항목) 축 : 그래프로 표현할 문자 자료 자리

❾ 범례 : 그래프의 각 색이나 모양이 어떤 데이터 계열에 대한 것인지를 알려주는 표식

❿ 데이터 표 : 차트로 표현한 수치 데이터를 표시

⓫ 데이터 계열/데이터 요소 : 막대나 선의 도형으로 표현한 것으로 범례에 있는 한 가지 종류를 데이터 계열이라고 하며, 데이터 계열 중에서 또 한 개를 데이터 요소라고 한다.

⓬ 데이터 레이블 : 데이터 계열이나 데이터 요소에 표현된 그래프의 숫자, 이름, 백분율 등을 표시

⓭ 눈금선 : 값 축이나 항목 축의 눈금을 그림 영역 안에 선으로 그어 표시한 것

◎ 예제 파일 : 혼자풀어보기(8장).xlsx
◉ 완성 파일 : 혼자풀어보기(8장)-결과.xlsx

1 다음과 같이 차트를 삽입한 후 차트의 크기와 차트 영역을 조정하시오.

- 차트 데이터 범위 : [A3:M5] 영역

- 차트 종류 : 묶은 세로 막대형

- 차트 위치 및 차트 크기 : 현 시트의 [A8:M31]

- 빠른 레이아웃 : 레이아웃 11

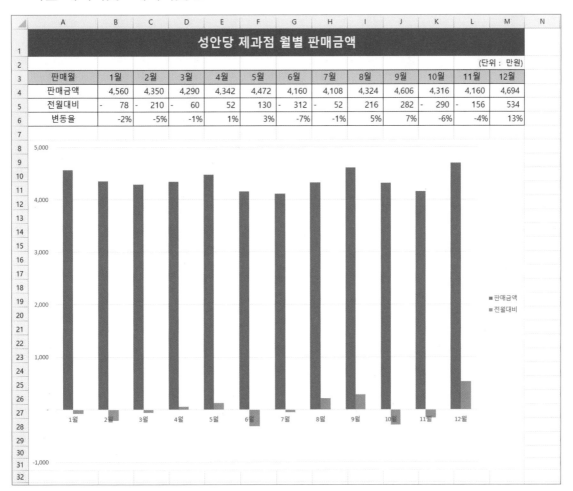

Hint! • [삽입] 탭의 [차트] 그룹에서 차트를 작성합니다.

• [차트 디자인] 탭을 이용하여 [빠른 레이아웃]을 선택합니다.

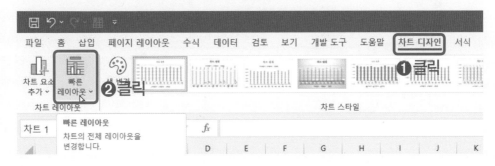

2 '전월대비' 계열을 '꺾은선형'의 '표식이 있는 꺾은선형' 차트로 변경한 후, '전월대비' 계열을 보조 축으로 설정하시오.

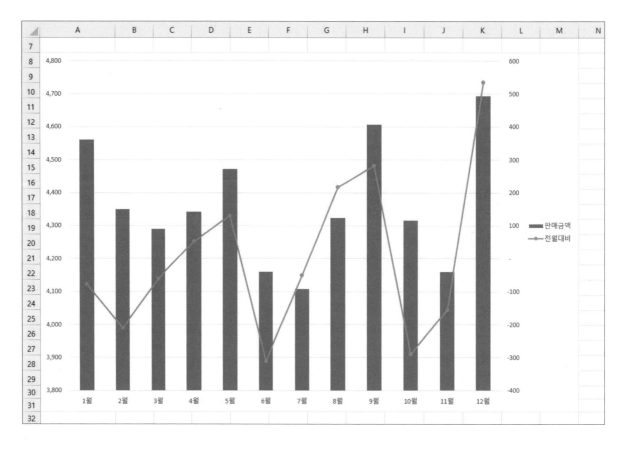

Hint! '전월대비' 계열을 선택하고 [차트 디자인] 탭의 [차트 종류 변경]을 클릭한 후 다음과 같이 설정합니다.

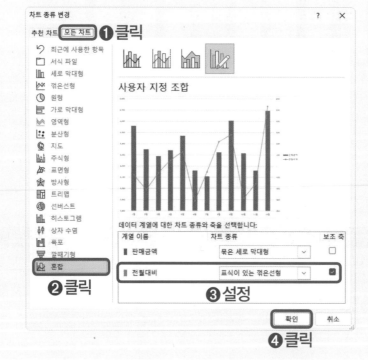

3 차트 제목을 그림과 같이 입력하고, 범례를 위로 위치하시오.

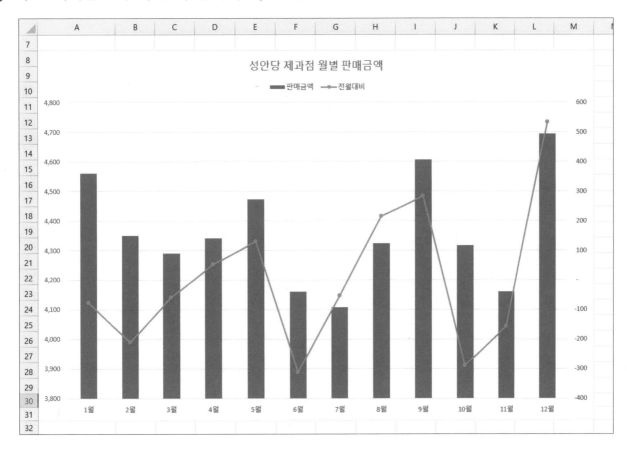

Hint!

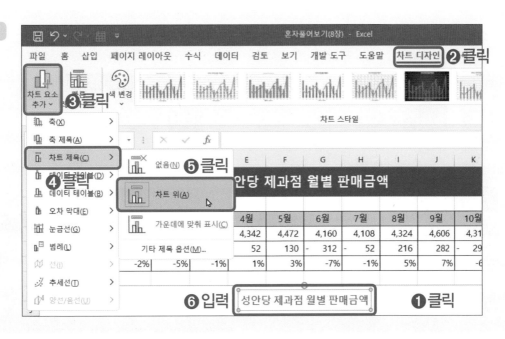

4 차트의 색상을 '다양한 색상표 2'로 변경하고, 데이터 테이블을 표시하시오.

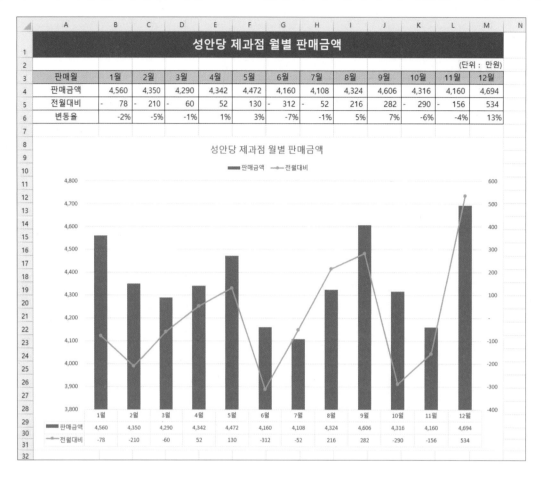

Hint!

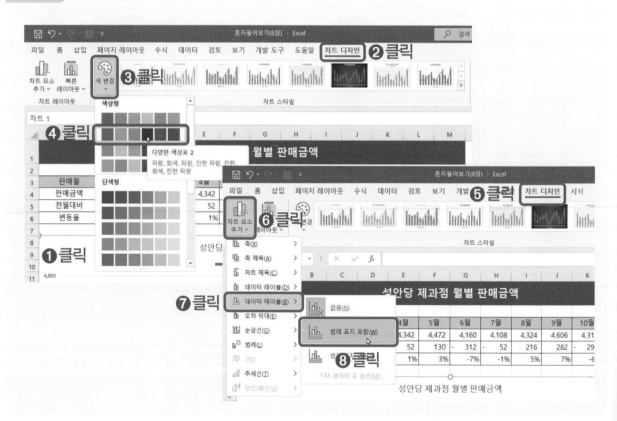

5 차트 영역의 테두리를 둥글게 하고, 그림자에서 바깥쪽 '오프셋: 오른쪽 아래'에 표시하시오.

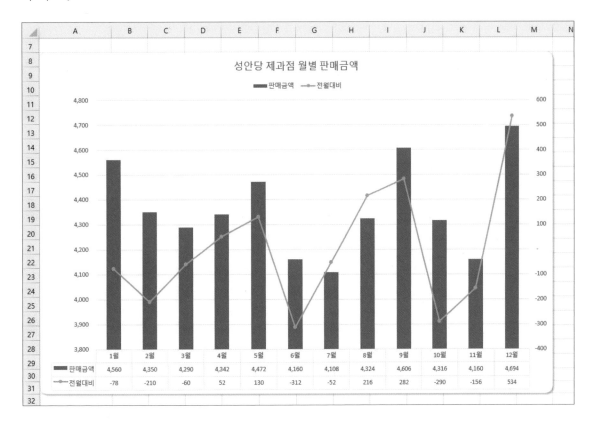

Hint! 차트 영역에서 마우스 오른쪽 버튼을 클릭하여 [차트 영역 서식] 메뉴를 클릭

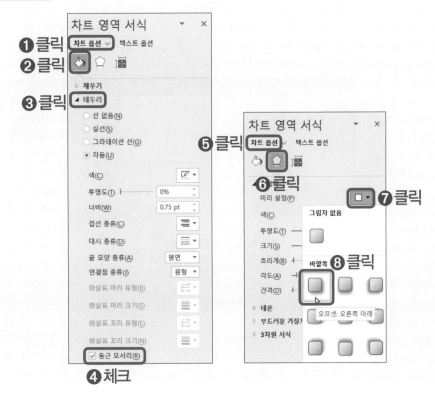

6 차트 제목에 '미세 효과 – 파랑, 강조 1' 스타일, 판매금액에 데이터 레이블을 그림과 같이 표시하시오.

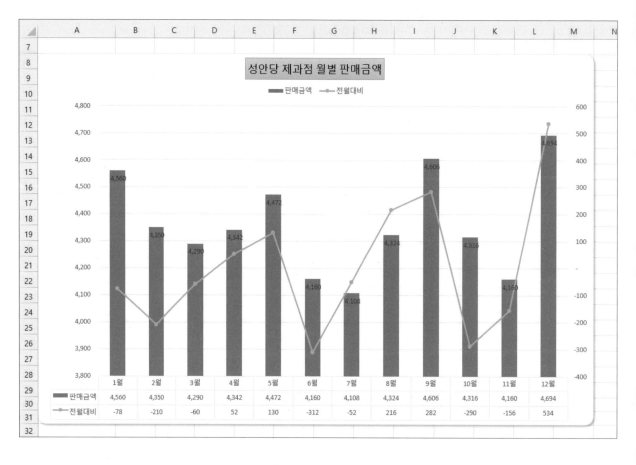

Hint! 차트 제목에서 마우스 오른쪽 버튼을 클릭하여 [스타일] 메뉴를 클릭하여 선택

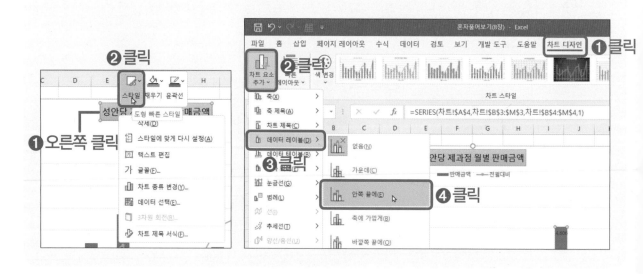

09 장 데이터베이스 관리하기

데이터베이스란 많은 양의 데이터를 특정한 용도에 맞게 체계적으로 정리해 놓은 것을 말합니다. 엑셀에서의 데이터베이스는 연속적인 행, 열 단위로 모아놓은 자료를 의미하며, 데이터베이스 중에 열 방향의 자료를 데이터베이스 용어로 '필드(Field)'라 하고, 각각의 필드가 모여서 만들어지는 행 방향의 개별 자료를 '레코드(Record)'라고 합니다.

완성파일 미리보기

무료 동영상

◎ 예제 파일 : 데이터베이스.xlsx
● 완성 파일 : 데이터베이스(결과).xlsx

	A	B	C	D	E	F	G	H	I	J	K	L	M	N
1														
2														
3	개수 : 금액	카테고리 ▼									카테고리			
4	입고 날짜 ▼	음료수	스낵	식품	신선식품	아이스크림	생활용품	건강음료	주방용품	총합계				
5	1사분기	4	4	5	10	3	4	3	3	36	음료수			
6	2사분기	6	2	2	10		2	2	2	26	스낵			
7	3사분기	9	3	4	5	1	3	1	4	30	식품			
8	4사분기	1	4	3			3	2	1	14	신선식품			
9	총합계	20	13	14	25	4	12	8	10	106	아이스크림			
10											생활용품			
11											건강음료			
12											주방용품			
13														
14														
15														
16														

체크포인트

실습1. 데이터 정렬을 이용하여 오름차순, 내림차순, 사용자 지정 목록 순으로 정렬해 봅니다.

실습2. 자동 필터를 이용하여 조건에 만족한 데이터를 추출해 봅니다.

실습3. 고급 필터를 이용하여 조건에 만족한 데이터를 다른 위치에 추출해 봅니다.

실습4. 부분합을 이용하여 항목별로 합계를 구해봅니다.

실습5. 피벗 테이블을 이용하여 많은 데이터를 일목요연한 표로 정리해 봅니다.

실습1 데이터 정렬하기('정렬' 시트에서)

정렬은 텍스트, 숫자, 날짜 및 시간 등을 기준으로 일정한 순서로 재배열하는 기능으로 오름차순 정렬과 내림차순 정렬이 있습니다. 데이터 정렬을 이용하여 원하는 데이터를 좀 더 빠르게 찾을 수 있고, 효율적인 문서 관리가 가능합니다.

입고 날짜를 기준으로 오름차순으로 데이터 정렬하기

❶ 정렬하고자 하는 제목 [E5] 셀을 선택한 후 [데이터] 탭의 [정렬 및 필터] 그룹에서 [날짜/시간 오름차순 정렬] 도구를 클릭합니다.

 TIP 정렬은 [홈] 탭의 [편집] 그룹 또는 [데이터] 탭의 [정렬 및 편집] 그룹을 이용하여 정렬할 수 있습니다.

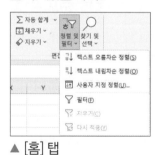

▲ [홈] 탭

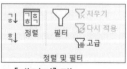

▲ [데이터] 탭

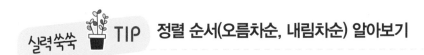
카테고리(내림차순)와 상품명(내림차순)을 기준으로 정렬하기

2 데이터에서 임의의 셀 하나를 선택(예 [B4] 셀)한 후 [데이터] 탭의 [정렬 및 필터] 그룹에서 [정렬] 도구를 클릭합니다.

상품코드	카테고리	상품명	입고 날짜	입고량	입고 단가	금액
G006	아이스크림	민트초콜릿	01-05	50	845	42,250
G006	아이스크림	민트초콜릿	01-09	60	845	50,700
H001	생활용품	생리대	01-10	30	2,080	62,400
J010	건강음료	알로에주스	01-11	80	845	67,600
D003	신선식품	두부	01-12	60	520	31,200
H001	생활용품	생리대	01-16	20	2,080	41,600
C001	식품	삼각김밥	01-18	50	520	26,000
C001	식품	삼각김밥	01-22	30	520	15,600
H007	생활용품	비누	01-22	70	325	22,750
J009	건강음료	녹차라떼	01-23	50	858	42,900
D002	신선식품	계란	01-25	70	4,225	295,750
D006	신선식품	요거트	01-31	60	845	50,700
B002	스낵	떡볶이과자	02-01	90	845	76,050

③ [정렬] 대화상자에서 열 '**카테고리**', 정렬 기준 '**셀 값**', 정렬 '**내림차순**'을 선택하고 [**기준 추가**] 단추를 클릭합니다.

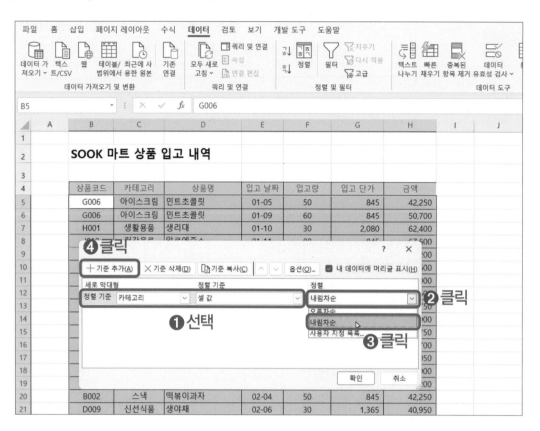

④ 다음 기준에서 열은 '**상품명**', 정렬 기준 '**셀 값**', 정렬 '**내림차순**'을 선택하고 [확인] 단추를 클릭합니다.

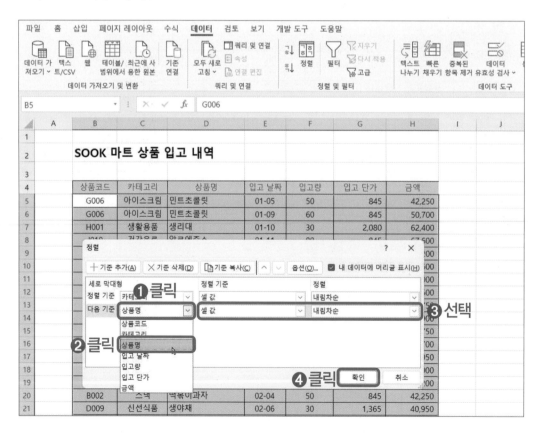

한 가지 조건으로 정렬할 때는 [오름차순 정렬 ↓] 도구, [내림차순 정렬 ↓] 도구를 이용하고, 두 가지 이상의 조건, 사용자 지정 정렬 순으로 정렬할 때는 [정렬] 도구를 이용합니다.

'사용자 지정 목록'을 기준으로 정렬하기

5 데이터에서 임의의 셀 하나를 선택(예 [B4] 셀)한 후 [데이터] 탭의 [정렬 및 필터] 그룹에서 [정렬]을 클릭합니다.

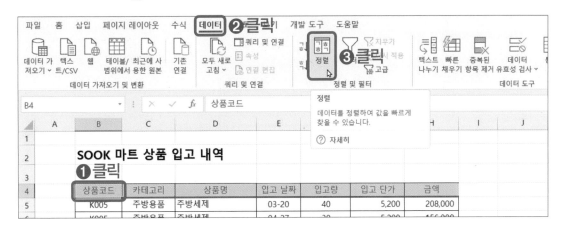

6 [정렬] 대화상자에서 두 번째 '정렬 기준'을 마우스로 클릭하여 파란색으로 바뀌면 [기준 삭제] 단추를 클릭합니다.

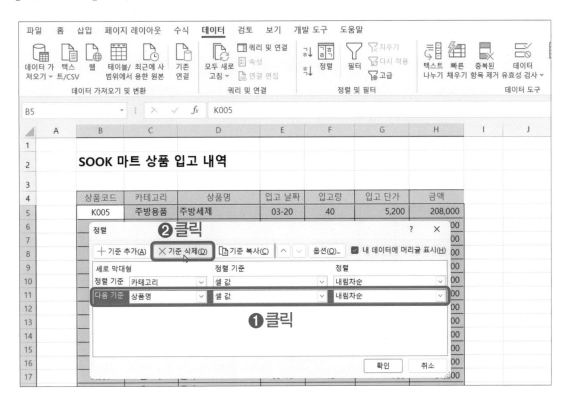

7 [정렬] 대화상자에서 열 '카테고리', 정렬 기준 '셀 값', 정렬 '사용자 지정 목록'을 선택합니다.

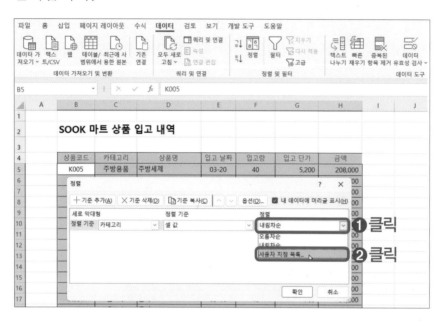

8 목록 항목에 다음(음료수, 스낵, 식품, 신선식품, 주류, 간편식, 아이스크림, 생활용품, 건강음료, 주방용품)과 같이 입력한 후 [추가] 단추를 클릭하고, [확인] 단추를 클릭합니다.

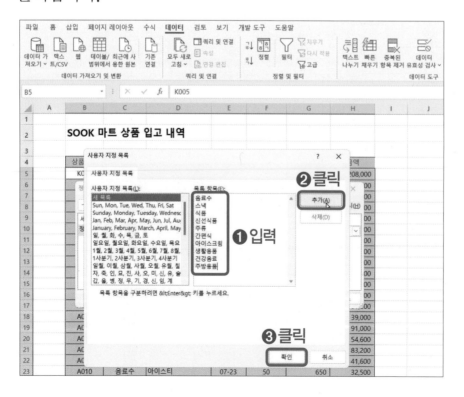

❾ [정렬] 대화상자에서 [확인] 단추를 클릭합니다.

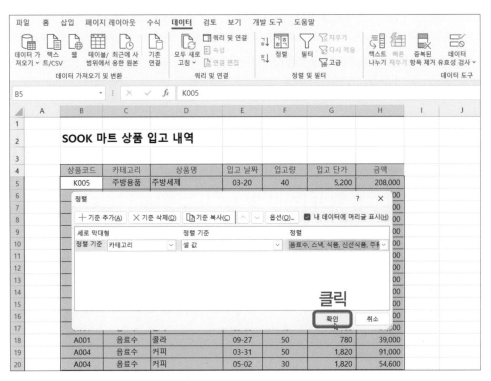

❿ 사용자가 지정한 순서대로(음료수, 스낵, 식품, 신선식품, …) 정렬됩니다.

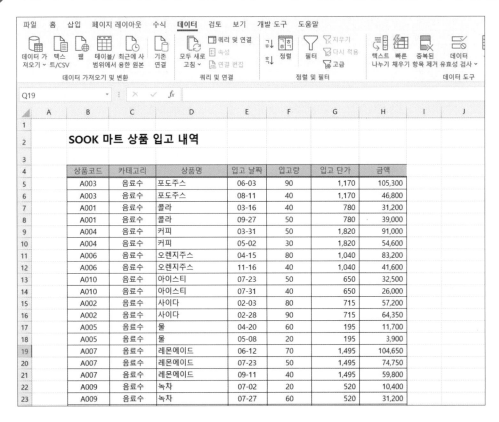

TIP 한 번 목록을 추가해 놓으면 필요할 때마다 [사용자 지정 목록]에서 선택만으로 사용할 수 있습니다.

자동 필터를 이용하여 데이터 추출하기

필터는 데이터 중에서 특정한 조건에 만족한 데이터만을 추출하는 기능입니다. 엑셀에서는 간단하게 조건을 선택하여 데이터를 추출할 수 있는 자동 필터와 좀 더 다양한 조건과 다른 위치에 데이터를 추출할 수 있는 고급 필터가 있습니다.

자동 필터를 실행하여 카테고리를 이용하여 추출하기('자동필터' 시트에서)

① [C4] 셀을 선택한 후 [데이터] 탭의 [정렬 및 필터] 그룹에서 [필터 ▽] 도구를 클릭합니다.

②클릭

| 피일 | 홈 | 삽입 | 페이지 레이아웃 | 수식 | 데이터 | 검토 | 보기 | 개발 도구 | 도움말 |

데이터 가 저오기 ∨ 텍스 트/CSV 웹 테이블/ 범위에서 최근에 사 용한 원본 기존 연결 | 모두 새로 고침 ∨ 쿼리 및 연결 속성 연결 편집 | 정렬 필터 **③클릭** 고급 | 텍스트 나누기 빠른 채우기 중복된 항목 제거 데이터 유효성 검사 ∨

데이터 가져오기 및 변환 | 쿼리 및 연결 | 정렬 및 필터 | 데이터 도구

C4 · : × ✓ fx 카테고리

필터 (Ctrl+Shift+L)
선택한 셀에 필터링을 설정합니다.
그러면 열 머리글에 있는 화살표를 클릭하여 데이터 범위를 좁힐 수 있습니다.
⑦ 자세히

	A	B	C	D	E	F	G	H	I	J
1										
2		SOOK 마트 상품 입고 내역								
3			**①클릭**							
4		상품코드	카테고리	상품명	입고 날짜	입고량	입고 단가	금액		
5		G006	아이스크림	민트초콜릿	01-05	50	845	42,250		
6		G006	아이스크림	민트초콜릿	01-09	60	845	50,700		
7		H001	생활용품	생리대	01-10	30	2,080	62,400		
8		J010	건강음료	알로에쥬스	01-11	80	845	67,600		
9		D003	신선식품	두부	01-12	60	520	31,200		
10		H001	생활용품	생리대	01-16	20	2,080	41,600		
11		C001	식품	삼각김밥	01-18	50	520	26,000		
12		C001	식품	삼각김밥	01-22	30	520	15,600		
13		H007	생활용품	비누	01-22	70	325	22,750		
14		J009	건강음료	녹차라떼	01-23	50	858	42,900		
15		D002	신선식품	계란	01-25	70	4,225	295,750		

 TIP 자동 필터는 [홈] 탭의 [편집] 그룹에서 [정렬 및 필터]-[필터]를 이용할 수 있습니다.

② [C4] 셀의 [필드 목록 ▾] 도구를 클릭하고 '**모두 선택**'을 선택하여 모든 선택을 해제합니다. 다시 '**식품**'을 선택하고 [확인] 단추를 클릭합니다.

 TIP 추출하고자 하는 필드가 여러 개일 때는 [모두 선택]을 클릭하여 체크되어 있는 항목을 모두 해제한 후 추출하려는 필드를 각각 클릭하면 여러 개의 항목을 동시에 추출할 수 있습니다.

❸ [C4] 셀의 [필드 목록 ▾] 도구는 (▾)로 바뀌고, 분류에서 '식품'에 해당한 자료만 표시됩니다.

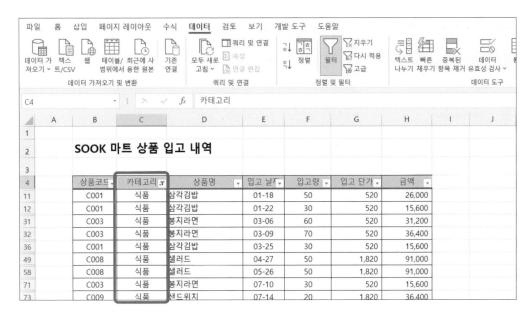

적용된 자동 필터를 지우기

④ [데이터] 탭의 [정렬 및 필터] 그룹에서 [지우기 ▽] 도구를 클릭합니다.

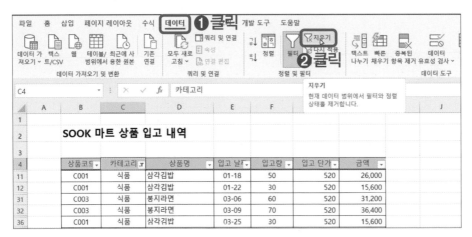

 '식품'에 해당한 자료만 추출되어 있지만, 이 상태에서 다른 필드(例 상품명 '삼각김밥') 에서 조건을 또 지정하면 '식품'에서 '삼각김밥'에 모두 만족한 자료만을 추출할 수 있 습니다.

사용자 지정 필터 사용하기(3000원대)

⑤ [G4] 셀의 [필터 목록 ▽] 도구를 클릭하여 [숫자 필터]-[사용자 지정 필터]를 선 택합니다.

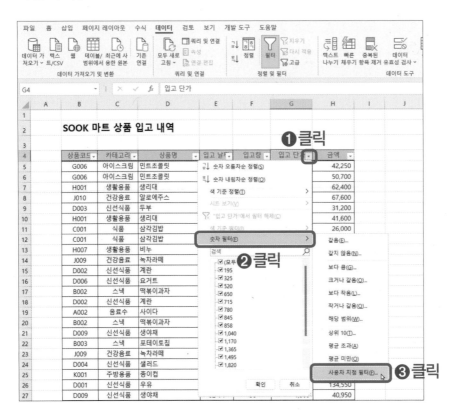

6 [사용자 지정 자동 필터] 대화상자에서 다음과 같이 '>='을 선택하고 『3000』을 입력한 후 '그리고'를 선택합니다. 다시 '<'를 선택하고 『4000』을 입력한 후 [확인] 단추를 클릭합니다.

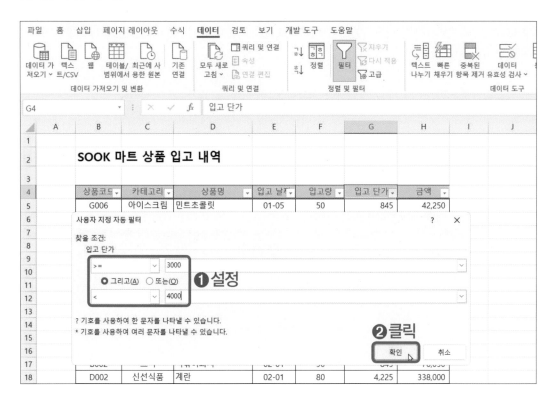

'그리고'는 2개의 조건을 지정한 내용에 모두 만족한 자료만을 추출합니다. 만약, '또는'을 선택하면 위쪽과 아래쪽에 하나라도 만족한 데이터를 추출합니다.

자동 필터 해제하기

7 [데이터] 탭의 [정렬 및 필터] 그룹에서 **[필터]**를 클릭하면 자동 필터가 해제됩니다.

고급 필터를 이용하여 데이터 추출하기

고급 필터는 조건을 직접 입력해야 하는 번거로움은 있지만, 다양한 조건을 지정할 수 있고, 조건에 만족한 데이터를 다른 위치에 추출할 수 있습니다. 조건은 한 필드에 3개 이상의 조건을 지정할 수 있고, 두 개 이상의 필드를 AND나 OR로 결합해서 추출할 수 있습니다.

고급 필터 조건 입력과 실행하기('고급필터' 시트에서)

❶ [A1:A2] 영역에 다음과 같이 조건을 입력하고 [A4] 셀을 클릭한 후 [데이터] 탭의 [정렬 및 필터] 그룹에서 [고급 🐾] 도구를 클릭합니다.

❷ [고급 필터] 대화상자에서 다음과 같이 지정하고 [확인] 단추를 클릭합니다.

- 결과 : 다른 장소에 복사
- 목록 범위 : '자동필터' 시트의 [B4:H110]
- 조건 범위 : '고급필터' 시트의 [A1:A2]
- 복사 위치 : '고급필터' 시트의 [A4]

다른 시트에 있는 목록을 범위 지정하는 방법 : '목록 범위'에 커서를 두고 '자동필터' 시트를 클릭한 후 [B4] 셀부터 [H110] 셀까지 범위를 지정합니다.

실력쑥쑥 TIP **'목록 범위'에서 '자동필터' 시트의 [B4:H110] 영역을 쉽게 지정하는 방법**

방법1 '자동필터' 시트의 [B4] 셀을 선택한 후 [Ctrl]+[Shift]+[↓] 키를 누르면 [B4:B110] 영역까지 범위가 지정되며, 그 상태에서 다시 [Ctrl]+[Shift]+[→] 키를 누르면 [B4:H110] 영역까지 범위를 지정할 수 있습니다.

방법2 '자동필터' 시트의 [B4] 셀을 클릭한 후 스크롤바를 이용하여 화면을 아래로 이동하고, [Shift] 키를 누른 상태에서 [H110] 셀을 클릭하면 [B4:H110] 영역을 범위 지정할 수 있습니다.

실력쑥쑥 TIP **고급 필터 조건**

• AND 조건 : 조건을 같은 행에 입력 (모든 조건에 만족한 값만 추출)

	A	B	C
1	카테고리	입고단가	
2	식품	>=1000	
3			

	A	B	C
1	입고단가	입고단가	
2	>=3000	<=4000	
3			

▲ 카테고리가 '식품'이면서 입고단가 1000 이상인 자료

▲ 입고단가가 3000~4000에 해당한 자료

• OR 조건 : 조건 값을 다른 행에 입력(조건에 하나라도 만족한 값을 추출)

	A	B	C
1	상품명	입고량	
2	두부		
3		>=90	
4			

	A	B
1	상품명	
2	두부	
3	계란	
4		

▲ 상품명이 '두부'이거나 입고량이 90 이상인 자료

▲ 상품명이 '두부' 또는 '계란'에 해당한 자료

• 만능 문자(＊) : 특정 문자열이 포함된 자료를 추출할 때 ＊를 앞이나 뒤, 또는 앞뒤 모두에 넣어 조건 지정

	A	B
1	카테고리	
2	*식품	
3		

▲ 카테고리에서 '식품'으로 끝나는 자료

3 적용된 고급 필터를 확인할 수 있습니다.

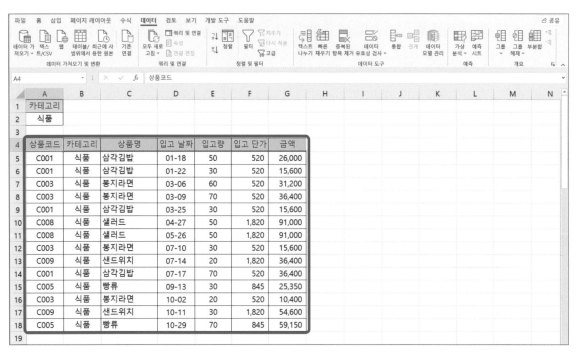

 부분합을 이용하여 계산하기

부분합이란 특정한 필드를 기준으로 데이터를 분류하고 각 분류별로 필요한 계산을 할 수 있는 기능을 말합니다. 부분합을 계산하기 전에 부분합을 구하려는 기준 필드를 정렬해야 합니다.

'카테고리'를 기준으로 내림차순 정렬하기('부분합' 시트에서)

1 [C4] 셀을 선택한 후 [데이터] 탭의 [정렬 및 필터] 그룹에서 [내림차순 정렬 _힉↓] 도구를 클릭합니다.

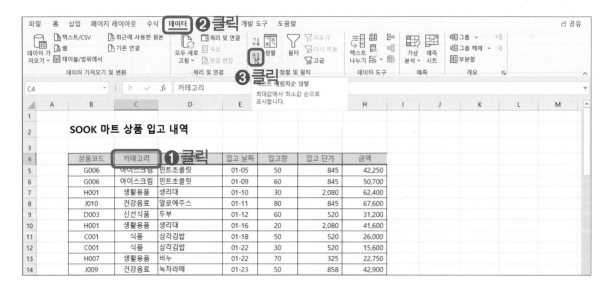

'카테고리'별 금액의 '합계' 구하기

2 [C4] 셀을 선택한 후 [데이터] 탭의 [개요] 그룹에서 [부분합 ▦] 도구를 클릭합니다.

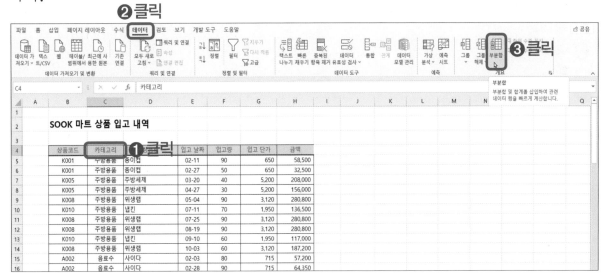

3 [부분합] 대화상자에서 '그룹화할 항목'은 '**카테고리**', 사용할 함수는 '**합계**', 부분합 계산 항목은 '**금액**'을 선택하고 [확인] 단추를 클릭합니다.

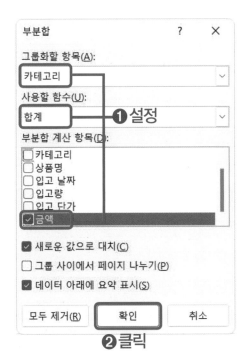

실력쑥쑥 🌱 TIP [부분합] 대화상자

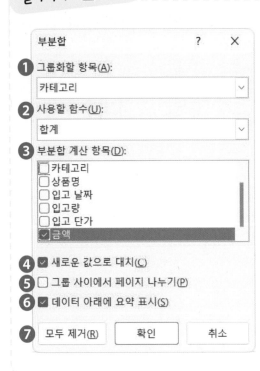

❶ 그룹화할 항목 : 부분합을 구할 기준 필드를 지정(정렬된 필드)

❷ 사용할 함수 : 부분합을 계산할 때 사용할 함수 선택

❸ 부분합 계산 항목 : 부분합을 계산할 필드를 선택

❹ 새로운 값으로 대치 : 기존 값을 새로운 부분합 값으로 대치할지, 기존 값을 보존하고 새로운 부분합을 추가로 표시할지 선택

❺ 그룹 사이에서 페이지 나누기 : 그룹과 그룹 사이에 페이지를 나누어 인쇄할지 하나의 용지에 연속적으로 인쇄할지 결정

❻ 데이터 아래에 요약 표시 : 요약 결과를 표시할지 결정

❼ 모두 제거 : 부분합을 해제할 때 사용

개수 요약만 표시하기

❹ '카테고리' 별로 합계가 표시됩니다. 열 머리글 왼쪽에 윤곽 기호 '2'를 클릭합니다.

	상품코드	카테고리	상품명	입고 날짜	입고량	입고 단가	금액
15		주방용품 요약					1,738,100
36		음료수 요약					1,005,550
41		아이스크림 요약					129,350
67		신선식품 요약					2,157,350
82		식품 요약					544,700
96		스낵 요약					527,800
109		생활용품 요약					488,800
118		건강음료 요약					426,010
119		총합계					7,017,660

SOOK 마트 상품 입고 내역

실력쑥쑥 🌱 TIP 윤곽 기호

• 1 : 전체 결과만 표시
• 2 : 부분합의 결과 표시
• 3 : 부분합의 결과, 데이터를 표시
• + : 하위 그룹 데이터를 숨기고 부분합의 결과만 표시
• − : 하위 그룹 데이터와 부분합의 결과 표시

부분합 제거하기

5 데이터 안쪽에 커서를 두고 [데이터] 탭의 [개요] 그룹에서 [부분합 ▦] 도구를 클릭합니다.

6 [부분합] 대화상자에서 왼쪽 하단에 [모두 제거] 단추를 클릭합니다.

7 부분합이 제거된 후 원래의 데이터로 표시됩니다.

 실습5 # 피벗 테이블을 이용하여 표로 정리하기

피벗 테이블은 제목(필드)을 재배치하여 전체 데이터에 대한 통계를 한눈에 파악할 수 있도록 요약 분석하는 기능입니다. 피벗 테이블의 행과 열을 회전하여 원본 데이터에 대한 여러 가지 요약을 볼 수 있으며, 관심 분야를 상세하게 표시할 수 있습니다.

피벗 테이블 작성하기('피벗테이블' 시트에서)

1 데이터 목록 안에 아무 셀이나 클릭한 후 [삽입] 탭의 [표] 그룹에서 [피벗 테이블 ▦] 도구를 클릭합니다.

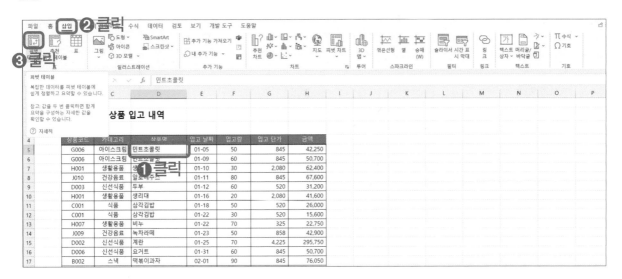

② [표 또는 범위의 피벗 테이블] 대화상자에서 '표/범위'에 [B4:H110]으로 지정하고, '새 워크시트'를 선택한 후 [확인] 단추를 클릭합니다.

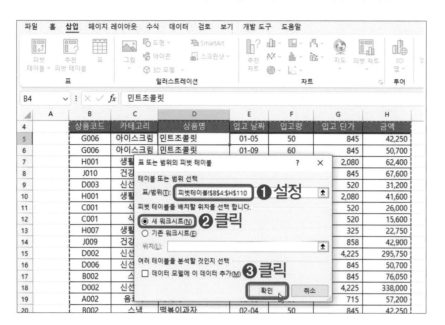

 데이터 안쪽에 커서를 위치하고 피벗 테이블을 실행하면 자동으로 연결된 데이터 범위로 인식하여 [B4:H110] 영역이 선택됩니다.

레이아웃 배치하기

③ 화면 오른쪽 [피벗 테이블 필드 목록]에서 **'입고 날짜'**를 선택하고 아래쪽 **'행 레이블'**로 드래그합니다.

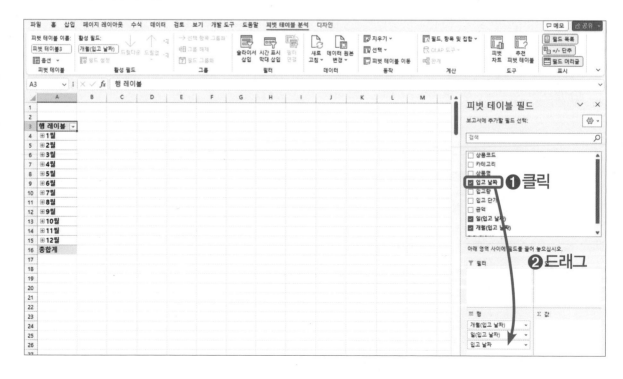

④ [피벗 테이블 필드 목록]에서 '**카테고리**'를 선택하고 '**열 레이블**'로 드래그합니다.

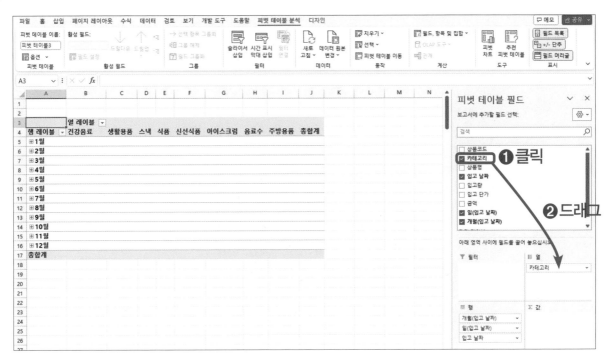

⑤ [피벗 테이블 필드 목록]에서 '**금액**'을 선택하고 '**값**'으로 드래그합니다.

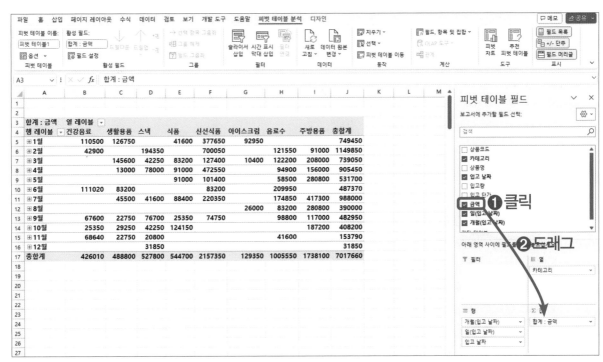

입고 날짜를 '분기' 단위로 그룹 만들기

6 입고 날째[A6] 셀에서 마우스 오른쪽 버튼을 클릭하여 [그룹] 메뉴를 선택합니다.

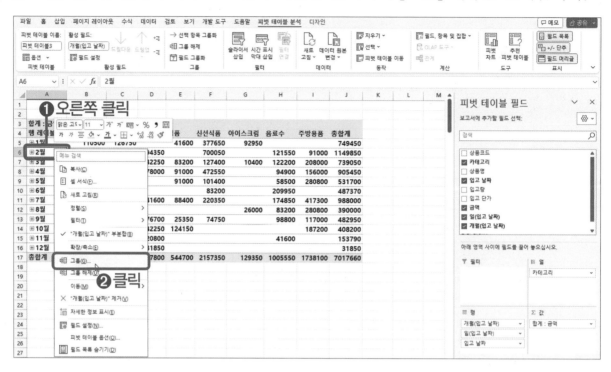

7 [그룹화] 대화상자에서 단위 '일', '월'을 클릭하여 해제하고, '분기'를 클릭한 후 [확인] 단추를 클릭합니다.

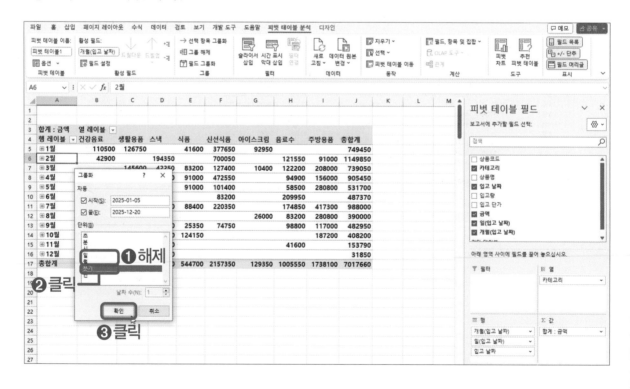

금액의 합계를 '개수'로 바꾸기

⑧ 합계 : 금액[A3] 셀에서 마우스 오른쪽 버튼을 클릭하여 **[값 요약 기준]-[개수]** 메뉴를 선택합니다.

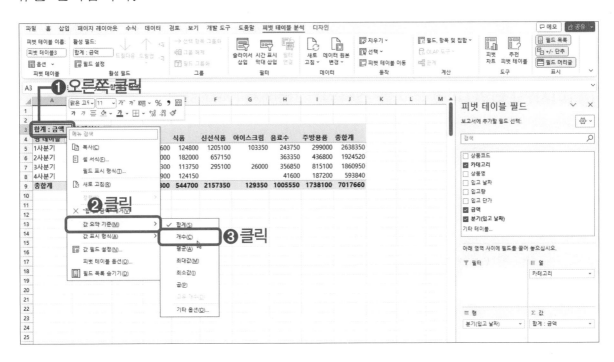

피벗 테이블 디자인 서식 지정하기

⑨ [디자인] 탭의 **[레이아웃]** 그룹에서 **[보고서 레이아웃 ▤]-[개요 형식으로 표시]** 를 클릭합니다.

실력쑥쑥 TIP 필드 목록 표시/숨기기

화면 오른쪽의 [피벗 테이블 필드 목록]은 [피벗 테이블 분석] 탭에서 [표시] 그룹의 [필드 목록]을 클릭하여 화면에 표시하거나 숨기기 할 수 있습니다.

⑩ [디자인] 탭의 [피벗 테이블 스타일] 그룹에서 [자세히 ▾] 단추를 클릭합니다.

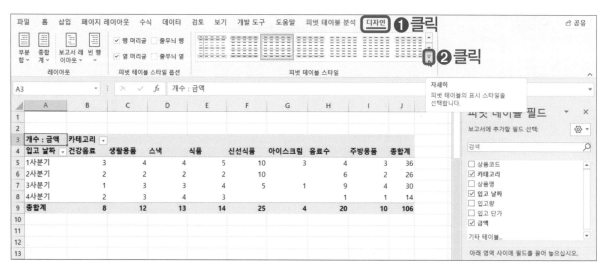

⑪ 피벗 테이블 스타일에서 '중간'의 '연한 녹색, 피벗 스타일 보통 14'를 선택합니다.

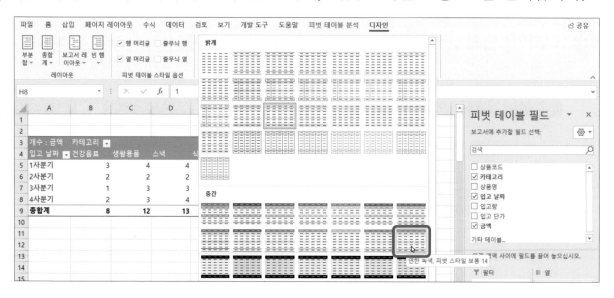

슬라이서 삽입하기

⑫ [피벗 테이블 분석] 탭의 [필터] 그룹에서 [슬라이서 삽입 🖫] 도구를 클릭합니다.

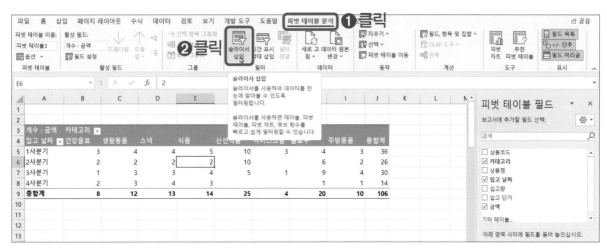

⑬ [슬라이서 삽입] 대화상자에서 '카테고리'를 체크하고 [확인] 단추를 클릭합니다.

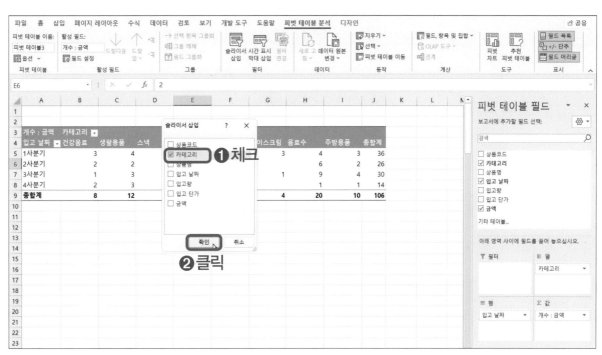

14 '카테고리'에서 '생활용품'을 클릭하면 분기별 생활용품을 조회할 수 있습니다.

15 슬라이서 오른쪽 상단의 [필터 지우기 ▽ₓ]를 클릭하여 모든 내용을 표시합니다.

필요한 데이터를 별도의 시트에 추출하기

16 개수가 많은 신선식품[F5] 셀에서 더블 클릭합니다.

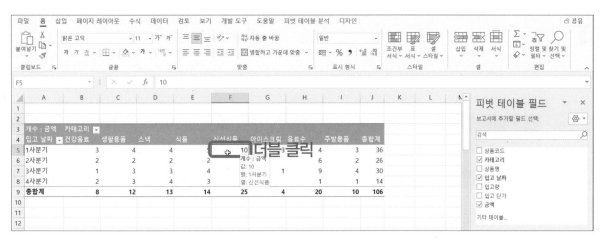

17 피벗 테이블 시트 왼쪽으로 새로운 시트가 추가되며, 신선식품에 해당한 데이터만
이 추출됩니다.

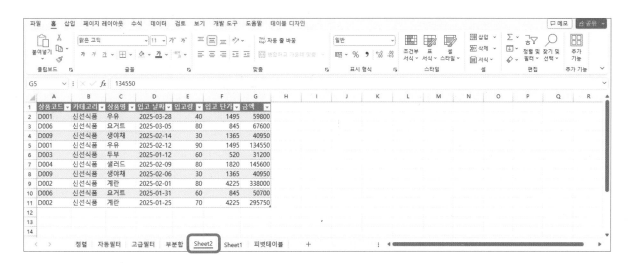

◎ 예제 파일 : 혼자풀어보기(9장).xlsx

◯ 완성 파일 : 혼자풀어보기(9장)-결과.xlsx

1 '정렬' 시트에서 지역을 기준으로 오름차순 정렬한 후 같은 지역은 축제기간을 기준으로 오름차순 정렬하여 표시하시오.

	A	B	C	D	E	F	G	H
1			꼭 가고보싶은 문화관광축제 40선					
2								
3	구분	축제명	지역	주최	축제기간	등급	관광객수(명)	
4	1	얼음나라 화천 산천어축제	강원도	화천군	1월	대표	1,733,979	
5	39	춘천 마임축제	강원도	춘천시	5월	유망	115,791	
6	9	평창 효석 문화제	강원도	평창군	9월	최우수	335,295	
7	35	원주 다이내믹 댄싱 카니발	강원도	원주시	9월	유망	534,502	
8	7	이천 쌀문화축제	경기도	이천시	10월	최우수	429,809	
9	16	안성맞춤 남사당 바우덕이축제	경기도	안성시	10월	우수	410,000	
10	29	수원 화성문화제	경기도	수원시	10월	유망	177,375	
11	32	여주 오곡나루축제	경기도	여주시	10월	유망	173,237	
12	31	시흥 갯골축제	경기도	시흥시	9월	유망	132,804	
13	27	밀양 아리랑대축제	경상남도	밀양시	5월	유망	419,528	
14	19	통영 한산대첩축제	경상남도	통영시	8월	우수	302,189	
15	6	산청 한방약초축제	경상남도	산청군	9월	최우수	276,900	
16	5	문경 찻사발축제	경상북도	문경시	4월	최우수	191,260	
17	10	고령 대가야 체험축제	경상북도	고령군	4월	우수	89,216	
18	14	봉화 은어축제	경상북도	봉화군	7월	우수	190,086	
19	11	광주 추억의 충장축제	광주광역시	동구청	10월	우수	282,269	
20	23	대구약령시 한방문화축제	대구광역시	중구	5월	유망	254,487	

Hint! [데이터] 탭의 [정렬 및 필터] 그룹에서 [정렬]을 이용합니다.

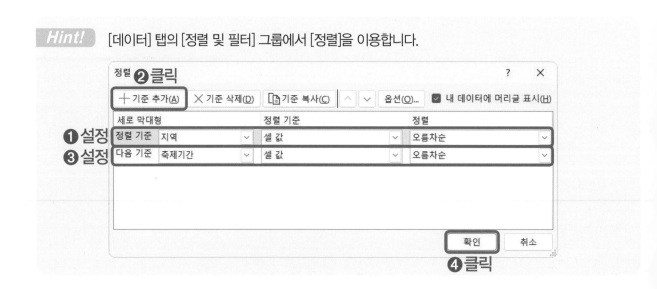

2 '자동필터' 시트에서 관광객수(명) 중에서 상위 10개 항목을 추출하여 내림차순으로 정렬하여 표시하시오.

구분	축제명	지역	주최	축제기간	등급	관광객수(명)
	꼭 가고보싶은 문화관광축제 40선					
1	얼음나라 화천 산천어축제	강원도	화천군	1월	대표	1,733,979
35	원주 다이내믹 댄싱 카니발	강원도	원주시	9월	유망	534,502
4	담양 대나무축제	전라남도	담양군	5월	최우수	469,179
17	정남진 장흥물축제	전라남도	장흥군	7월	우수	458,508
7	이천 쌀문화축제	경기도	이천시	10월	최우수	429,809
27	밀양 아리랑대축제	경상남도	밀양시	5월	유망	419,528
16	안성맞춤 남사당 바우덕이축제	경기도	안성시	10월	우수	410,000
18	제주 들불축제	제주특별자치도	제주시	3월	우수	394,458
15	부여 서동연꽃축제	충청남도	부여군	7월	우수	393,332
13	보성 다향 대축제	전라남도	보성군	5월	우수	349,852

Hint!
- [데이터] 탭–[정렬 및 필터] 그룹–[필터 ▽]를 클릭합니다.
- [데이터] 탭의 [정렬 및 필터] 그룹에서 [필터]를 클릭합니다.

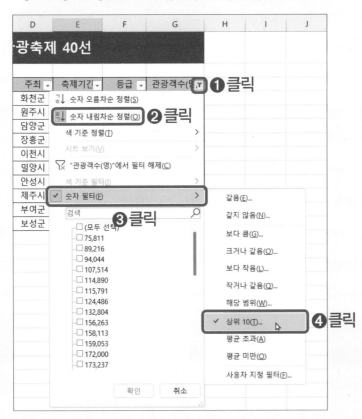

3 '고급필터' 시트에서 축제기간이 7월 또는 8월에 해당한 자료를 '피벗테이블' 시트에서 추출하여 [A6] 셀부터 표시하시오.

– 조건 : [A1:A3] 영역

	A	B	C	D	E	F	G	H
1	축제기간							
2	7월							
3	8월							
4								
5								
6	구분	축제명	지역	주최	축제기간	등급	관광객수(명)	
7	14	봉화 은어축제	경상북도	봉화군	7월	우수	190,086	
8	15	부여 서동연꽃축제	충청남도	부여군	7월	우수	393,332	
9	17	정남진 장흥물축제	전라남도	장흥군	7월	우수	458,508	
10	19	통영 한산대첩축제	경상남도	통영시	8월	우수	302,189	
11	22	괴산 고추축제	충청북도	괴산군	8월	유망	172,000	
12	37	인천 펜타포트 락페스티벌	인천광역시	인천시	7월	유망	94,044	
13								

Hint! '고급필터' 시트에서 조건을 먼저 입력한 후, '고급필터' 시트에서 [데이터] 탭의 [정렬 및 필터] 그룹에서 [고급]을 이용합니다.

• 결과 : 다른 장소에 복사
• 목록 범위 : '피벗테이블' 시트의 [A3:G43]
• 조건 범위 : '고급 필터' 시트의 [A1:A3]
• 복사 위치 : '고급 필터' 시트의 [A6]

4 '부분합' 시트에서 다음과 같이 부분합을 실행하여 표시하시오.

– 축제기간은 1월, 2월, 3월,…. 순으로 정렬하시오.

– 축제기간을 기준으로 '축제명'의 개수를 구하고, '관광객수(명)'의 평균을 구하시오.

구분	축제명	지역	주최	축제기간	등급	관광객수(명)
		꼭 가고보싶은 문화관광축제 40선				
구분	축제명	지역	주최	축제기간	등급	관광객수(명)
1	얼음나라 화천 산천어축제	강원도	화천군	1월	대표	1,733,979
				1월 평균		1,733,979
		1		**1월 개수**		
8	진도 신비의 바닷길축제	전라남도	진도군	3월	최우수	124,486
18	제주 들불축제	제주특별자치도	제주시	3월	우수	394,458
				3월 평균		259,472
		2		**3월 개수**		
5	문경 찻사발축제	경상북도	문경시	4월	최우수	191,260
10	고령 대가야 체험축제	경상북도	고령군	4월	우수	89,216
21	광안리 어방축제	부산광역시	수영구	4월	유망	231,183
33	영암 왕인문화축제	전라남도	영암군	4월	유망	261,350
				4월 평균		193,252
		4		**4월 개수**		
4	담양 대나무축제	전라남도	담양군	5월	최우수	469,179
13	보성 다향 대축제	전라남도	보성군	5월	우수	349,852
23	대구약령시 한방문화축제	대구광역시	중구	5월	유망	254,487
27	밀양 아리랑대축제	경상남도	밀양시	5월	유망	419,528
36	음성 품바 축제	충청북도	음성군	5월	유망	230,431
39	춘천 마임축제	강원도	춘천시	5월	유망	115,791
				5월 평균		306,545
		6		**5월 개수**		
40	한산 모시문화제	충청남도	서천군	6월	유망	300,000
				6월 평균		300,000
		1		**6월 개수**		

Hint! • [데이터] 탭의 [정렬 및 필터] 그룹에서 [정렬]을 이용하여 1월, 2월, 3월, … 순으로 정렬합니다.

• [데이터] 탭의 [개요] 그룹에서 [부분합]을 이용합니다.

5 '피벗테이블' 시트의 자료를 이용하여 다음과 같이 새로운 시트에 피벗 테이블을 작성하시오.

- 피벗 테이블 위치 : 새 워크시트
- 보고서 레이아웃 : 테이블 형식으로 표시
- 합계 : 관광객수(명)는 필드 표시 형식을 '숫자'에 1000 단위 구분 기호를 표시
- 피벗 테이블 스타일 : 연한 파랑, 피벗 스타일 보통 9

	A	B	C	D
1	축제기간	(모두) ▾		
2				
3	지역 ▾	개수 : 축제명	합계 : 관광객수(명)	
4	강원도	4	2,719,567	
5	경기도	5	1,323,225	
6	경상남도	3	998,617	
7	경상북도	3	470,562	
8	광주광역시	1	282,269	
9	대구광역시	1	254,487	
10	대전광역시	1	221,225	
11	부산광역시	2	390,236	
12	인천광역시	1	94,044	
13	전라남도	7	1,990,374	
14	전라북도	5	766,981	
15	제주특별자치도	1	394,458	
16	충청남도	4	1,241,878	
17	충청북도	2	402,431	
18	총합계	40	11,550,354	
19				

Hint! [삽입] 탭의 [표] 그룹에서 [피벗 테이블]을 이용합니다.

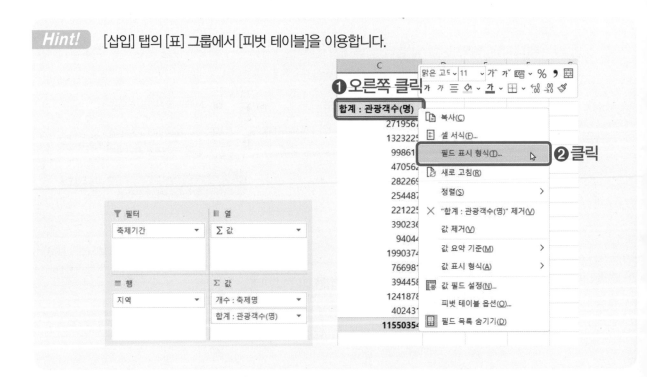

6 5번 문제를 통해 만들어진 피벗 테이블을 이용하여 축제명의 개수가 가장 많은 '전라남도'의 축제를 별도의 시트에 추출하여 '전라남도'로 시트명을 수정하시오.

	A	B	C	D	E	F	G	H
1	구분 ▼	축제명 ▼	지역 ▼	주최 ▼	축제기간 ▼	등급 ▼	관광객수(명) ▼	
2	33	영암 왕인	전라남도	영암군	4월	유망	261350	
3	26	목포 항구	전라남도	목포시	10월	유망	114890	
4	3	강진 청자	전라남도	강진군	10월	최우수	212109	
5	4	담양 대나	전라남도	담양군	5월	최우수	469179	
6	17	정남진 장	전라남도	장흥군	7월	우수	458508	
7	13	보성 다향	전라남도	보성군	5월	우수	349852	
8	8	진도 신비	전라남도	진도군	3월	최우수	124486	
9								

Hint! 추출하고자 하는 데이터에서 더블 클릭합니다.

	A	B	C	D
11	부산광역시	더블 클릭 2	390,236	
12	인천광역시	1	94,044	
13	전라남도	7	1,990,374	
14	전라북도	개수 : 축제명	766,981	
15	제주특별자치도	값: 7 행: 전라남도	394,458	
16	충청남도	열: 개수 : 축제명	1,241,878	
17	충청북도	2	402,431	
18	총합계	40	11,550,354	
19				

ChatGPT는 OpenAI에서 개발한 고급 언어 모델로 자연어 이해와 생성 능력이 뛰어납니다. ChatGPT는 대화형 형식에서 인간과 자연스럽게 소통할 수 있도록 학습되었습니다. 엑셀 사용자가 질문을 던지면 ChatGPT가 이를 이해하고 응답하는 구조입니다.

무료 동영상

◎ 예제 파일 : ChatGPT.xlsx
● 완성 파일 : ChatGPT(결과).xlsx

[회원정보 시트]

	A	B	C	D	E	F	G	H	I	J	K	L
1												
2		회원정보										
3									직책별 회비			
4		회원번호	회원이름	전화번호	이메일	직책	직책당금액		정회원	15,000		
5		1	홍길동	010-1111-****	hong_gildong@example.com	정회원	15,000		일반회원	20,000		
6		2	김영희	010-2222-****	kim_younghee@example.com	일반회원	20,000		운영진	10,000		
7		3	이철수	010-3333-****	lee_chulsu@example.com	운영진	10,000		특별회원	15,000		
8		4	박지영	010-4444-****	park_jiyoung@example.com	특별회원	15,000		산악인증회원	30,000		
9		5	정민호	010-5555-****	jung_minho@example.com	정회원	15,000		홍보대사	30,000		
10		6	송미영	010-6666-****	song_miyoung@example.com	산악인증회원	30,000		대표회원	25,000		
11		7	오석진	010-7777-****	oh_seokjin@example.com	홍보대사	30,000		행사회원	20,000		
12		8	최지원	010-8888-****	choi_jiwon@example.com	운영진	10,000		활동회원	20,000		
13		9	장영수	010-9999-****	jang_youngsoo@example.com	특별회원	15,000					
14		10	윤지민	010-1234-****	yoon_jimin@example.com	산악인증회원	30,000					
15		11	박진호	010-2345-****	park_jinho@example.com	대표회원	25,000					
16		12	이현우	010-3456-****	lee_hyunwoo@example.com	정회원	15,000					
17		13	한미경	010-9876-****	han_mikyung@example.com	행사회원	20,000					

회원정보 회비내역 ⊕

[회비내역 시트]

	A	B	C	D	E	F	G	H	I	J	K
1											
2		회비내역									
3											
4		날짜	회원번호	회원이름	직책당 금액	입금여부	입금일자	입금금액	미납분	비고	
5		2024-01-01	1	홍길동	15,000	O	2024-01-01	15,000	-		
6		2024-01-02	2	김영희	20,000	O	2024-01-02	20,000	-		
7		2024-01-03	3	이철수	10,000	O	2024-01-03	10,000	-		
8		2024-01-04	4	박지영	15,000	X			15,000		
9		2024-01-05	5	정민호	15,000	O	2024-01-05	15,000	-		
10		2024-01-06	6	송미영	30,000	X			30,000		
11		2024-01-07	7	오석진	30,000	O	2024-01-07	30,000	-		
12		2024-01-08	8	최지원	10,000	O	2024-01-08	10,000	-		
13		2024-01-09	9	장영수	15,000	X			15,000		
14		2024-01-10	10	윤지민	30,000	O	2024-01-10	30,000	-		
15		2024-01-11	11	박진호	25,000	X			25,000		
16		2024-01-12	12	이현우	15,000	O	2024-01-12	15,000	-		
17		2024-01-13	13	한미경	20,000	O	2024-01-13	10,000	10,000		

회원정보 회비내역 ⊕

체크포인트

실습1 ChatGPT 가입하기

실습2 ChatGPT를 이용하여 함수 사용법을 알아봅니다.

실습3 ChatGPT를 이용하여 조건부 서식을 알아봅니다.

실습1 ChatGPT 가입하기

ChatGPT를 사용하려면 ChatGPT에 가입하고 OpenAI 웹사이트에서 계정을 생성합니다. 이제 여러분은 인공지능과 대화하고, 흥미로운 질문에 답을 받을 수 있습니다.

구글에 ChatGPT 검색하기

1 구글 검색 창(또는 네이버)에 『chatgpt』(또는 **챗**GPT)라고 입력한 다음 검색된 항목에서 openai.com에서 제공하는 'ChatGPT'를 클릭합니다.

2 ChatGPT에 가입하기 위해 [sign up] 버튼을 클릭합니다.

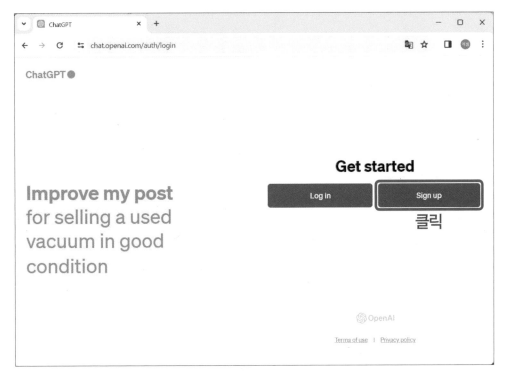

③ 새로운 계정을 만들거나 구글 계정이 있다면 'Google 계정으로 계속'을 클릭합니다.

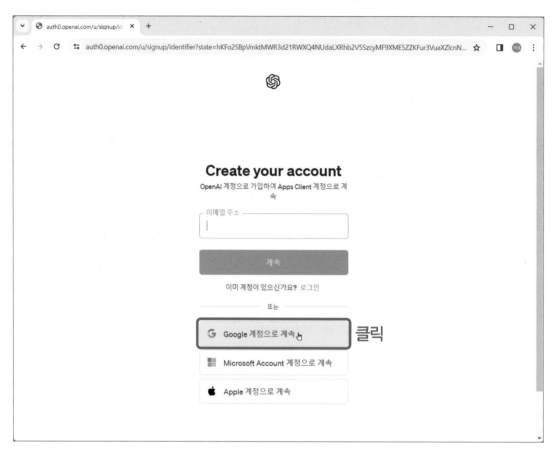

④ 구글 계정이 나오면 **구글 계정을 클릭**합니다.

5 이름과 생년월일을 입력하고 [Agree]를 클릭합니다.

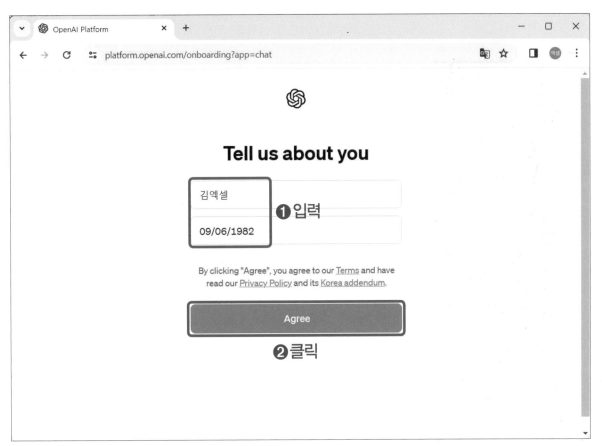

 TIP

- 구글 계정이 없을 경우 전화번호, 코드 입력 등을 입력해서 계정을 생성해야 합니다.
- 처음 ChatGPT에 가입하여 접속한 후, 두 번째 접속부터는 ②~⑤번 과정 없이 바로 ChatGPT에 접속할 수 있습니다.

6 ChatGPT 화면이 표시됩니다.

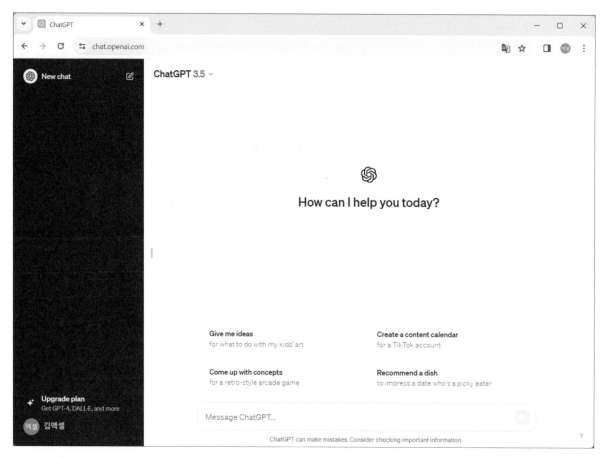

7 하단 'Message ChatGPT…' 입력 창에 『**안녕**』이라고 입력하고 Enter 키를 누릅니다. 다음과 같이 응답이 나옵니다.

ChatGPT에게 함수 사용법 알아보기

작성된 통합문서에서 필요한 데이터 값을 찾아오기 위해 함수를 사용합니다. 함수 사용 방법을 모른다면 ChatGPT에게
정보를 제공하고 원하는 결과값을 찾아오게 합니다.

별도로 작성된 표에서 직책당 금액 가져오기('회원정보' 시트에서)

1 ChatGPT에게 다음과 같이 질문합니다.

> **You**
> Excel에서 F5셀에 입력된 직책에 따라 G5셀에 해당 직책의 금액을 자동으로 가져오고 싶습니다. 금
> 액 데이터는 I4:J12 범위에 고정되어 있으며, 이 범위 내에서 직책에 따른 금액을 찾아서 반환하는 식
> 을 알려주세요.

2 질문을 파악하고 VLOOKUP 함수를 사용한다는 내용이 나옵니다. 원하는 대답이
나왔으면 [Copy code]를 클릭하여 복사합니다. 원하는 답변이 아니라면 구체적으
로 요청합니다.

TIP 함수 및 범위 수정

실력쑥쑥

- VLOOKUP 함수 외에도 다른 함수를 사용하여 결과값을 얻을 수 있습니다. 그러나 원하는
  함수가 아닌 경우, VLOOKUP 함수를 사용하여 결과를 제공해 달라고 요청합니다.
- 만약 =VLOOKUP(F5,I4:J12,2,FALSE)로 수식이 나올 경우 범위를 절대참조($I$4:$J$12)로
  수정합니다.

③ [G5] 셀을 클릭한 후 수식 입력줄에 붙여넣기를 합니다.

④ [G5] 셀의 채우기 핸들을 이용하여 [G34] 셀까지 수식을 복사합니다.

ChatGPT에게 조건부 서식 질문하기

조건에 맞는 서식을 행 전체에 지정해야 할 경우 논리 연산자( )=, 〈=, 〈, 〉 등)를 사용하여 참인 값에만 서식을 지정합니다.
ChatGPT를 사용하여 조건부 서식 방법을 알아봅니다.

미납분 행에 대해 조건부 서식 적용하기('회비내역' 시트에서)

1 ChatGPT에게 다음과 같이 질문합니다.

 You
Excel에서 특정 조건에 따라 행 전체에 조건부 서식을 적용하는 방법을 알려주세요. 예를 들어,
B5:J34 범위에서 I열의 값이 0이 아닌 경우에 해당하는 행에 서식을 적용하고 싶습니다.

2 질문을 파악하고 조건부 서식 작성 방법을 알려줍니다.

 ChatGPT
Excel에서 B5:J34 범위에서 I열의 값이 0이 아닌 경우에 해당하는 행에 조건부 서식을 적용하려면 다음 단계를 따르세요:

1. 범위 **B5:J34**를 선택합니다.
2. 홈 탭에서 "조건부 서식"을 클릭합니다.
3. "새 규칙"을 선택하고 "서식 지정할 조건을 선택하세요."에서 "수식을 사용하여 서식 지정"을 선택합니다.
4. 수식 상자에 다음 수식을 입력합니다:

```bash
=$I5<>0
```

이 수식은 I열의 값이 0이 아닌지를 확인합니다. 첫 번째 행 (예: 5행)의 I열 값을 기준으로 적용됩니다.
5. "서식" 버튼을 클릭하고 원하는 서식(예: 배경색 변경 등)을 선택합니다.
6. 확인을 클릭하여 조건부 서식을 적용합니다.

이제 **B5:J34** 범위에서 I열의 값이 0이 아닌 행에 대해 선택한 서식이 적용될 것입니다.

엑셀에 조건부 서식 적용하기

③ ChatGPT가 알려준 방법대로 '**회비내역**' 시트에서 **[B5:J34]** 영역을 범위 지정합니다.

	날짜	회원번호	회원이름	직책당 금액	입금여부	입금일자	입금금액	미납분	비고
	2024-01-01	1	홍길동	15,000	O	2024-01-01	15,000	-	
	2024-01-02	2	김영희	20,000	O	2024-01-02	20,000	-	
	2024-01-03	3	이철수	10,000	O	2024-01-03	10,000	-	
	2024-01-04	4	박지영	15,000	X			15,000	
	2024-01-05	5	정민호	15,000	O	2024-01-05	15,000	-	
	2024-01-06	6	송미영	30,000	X			30,000	
	2024-01-07	7	오석진	30,000	O	2024-01-07	30,000	-	
	2024-01-08	8	최지원	10,000	O	2024-01-08	10,000	-	
	2024-01-09	9	장영수	15,000	X			15,000	
	2024-01-10	10	윤지민	30,000	O	2024-01-10	30,000	-	
	2024-01-11	11	박진호	25,000	X			25,000	
	2024-01-12	12	이현우	15,000	O	2024-01-12	15,000	-	
	2024-01-13	13	한미경	20,000	O	2024-01-13	10,000	10,000	
	2024-01-14	14	김성호	20,000	X			20,000	
	2024-01-15	15	임소희	10,000	O	2024-01-15	10,000	-	
	2024-01-16	16	정승호	25,000	O	2024-01-16	25,000	-	
	2024-01-17	17	강유진	20,000	O	2024-01-17	20,000	-	
	2024-01-18	18	신동희	30,000	O	2024-01-18	18,000	12,000	
	2024-01-19	19	김수진	30,000	X			30,000	
	2024-01-20	20	이준호	10,000	O	2024-01-20	10,000	-	
	2024-01-21	21	강현우	15,000	O	2024-01-21	15,000	-	
	2024-01-22	22	전지수	25,000	O	2024-01-22	25,000	-	
	2024-01-23	23	문지영	30,000	X			30,000	
	2024-01-24	24	황성호	15,000	O	2024-01-24	15,000	-	
	2024-01-25	25	백미경	15,000	O	2024-01-25	15,000	-	
	2024-01-26	26	조찬호	30,000	O	2024-01-26	30,000	-	
	2024-01-27	27	유서진	20,000	O	2024-01-27	20,000	-	
	2024-01-28	28	남지원	25,000	O	2024-01-28	25,000	-	
	2024-01-29	29	이상호	30,000	O	2024-01-29	30,000	-	
	2024-01-30	30	박은영	10,000	X			10,000	

범위 지정

④ [홈] 탭-[스타일] 그룹-[조건부 서식 ▦]의 [새 규칙]을 클릭합니다.

5 ChatGPT의 [Copy code]를 클릭합니다.

클릭

```excel
=$I5<>0
```

 TIP 만약 'Copy code'라는 복사 버튼이 나오지 않는다면, 답변에서 조건식을 찾아 직접 입력합니다.

6 [새 서식 규칙]에서 '**수식을 사용하여 서식을 지정할 셀 결정**'을 클릭하고, '규칙 설명 편집'에 붙여넣기([Ctrl]+[V]) 한 후 [서식] 단추를 클릭합니다.

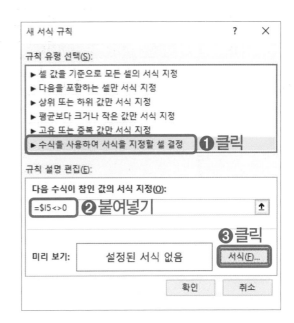

7 [채우기] 탭에서 적용할 색상을 선택한 후 [확인] 단추를 클릭하고, [새 서식 규칙] 대화상자에서 다시 한번 [확인] 단추를 클릭합니다.

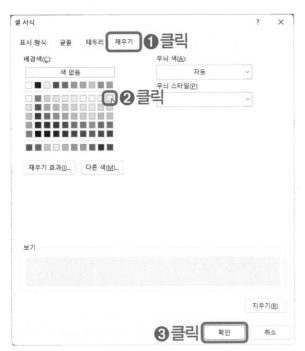

8 미납분 회원에 대하여 조건부 서식이 적용된 것을 확인할 수 있습니다.

	날짜	회원번호	회원이름	직책당 금액	입금여부	입금일자	입금금액	미납분	비고
회비내역									
	2024-01-01	1	홍길동	15,000	O	2024-01-01	15,000	-	
	2024-01-02	2	김영희	20,000	O	2024-01-02	20,000	-	
	2024-01-03	3	이철수	10,000	O	2024-01-03	10,000	-	
	2024-01-04	4	박지영	15,000	X			15,000	
	2024-01-05	5	정민호	15,000	O	2024-01-05	15,000	-	
	2024-01-06	6	송미영	30,000	X			30,000	
	2024-01-07	7	오석진	30,000	O	2024-01-07	30,000	-	
	2024-01-08	8	최지원	10,000	O	2024-01-08	10,000	-	
	2024-01-09	9	장영수	15,000	X			15,000	
	2024-01-10	10	윤지민	30,000	O	2024-01-10	30,000	-	
	2024-01-11	11	박진호	25,000	X			25,000	
	2024-01-12	12	이현우	15,000	O	2024-01-12	15,000	-	
	2024-01-13	13	한미경	20,000	O	2024-01-13	10,000	10,000	

◎ 예제 파일 : 혼자풀어보기(10장).xlsx
◎ 완성 파일 : 혼자풀어보기(10장)-결과.xlsx

1 ChatGPT를 활용하여 칼로리가 300 이상인 레코드에 조건부 서식을 작성합니다. ('조건부서식1' 시트)

A	B	C	D	E	F	G	H	I	J	K
1	식단관리									
2										
3	날짜	식사시간	식사 내용	음식종류	음식 양	칼로리	단백질	탄수화물	지방	
4	2025-01-31	아침	조식	빵	2개	200	6g	40g	3g	
5	2025-01-31	아침	조식	계란	2개	140	14g	1g	9g	
6	2025-01-31	점심	중식	쌀밥	1공기	200	4g	45g	1g	
7	2025-01-31	점심	중식	닭가슴살	150g	200	30g	0g	5g	
8	2025-01-31	점심	중식	채소	적당량	50	2g	10g	1g	
9	2025-01-31	저녁	석식	연어	200g	350	20g	10g	20g	
10	2024-02-01	아침	조식	빵	2개	200	6g	40g	3g	
11	2024-02-01	아침	조식	계란	2개	140	14g	1g	9g	
12	2025-02-01	점심	중식	쌀밥	1공기	200	4g	45g	1g	
13	2025-02-01	점심	중식	닭가슴살	150g	200	30g	0g	5g	
14	2025-02-01	점심	중식	채소	적당량	50	2g	10g	1g	
15	2025-02-01	저녁	석식	연어	200g	250	20g	0g	18g	
16	2025-02-03	아침	조식	밥	1공기	150	3g	30g	1g	
17	2025-02-03	점심	중식	샐러드	적당량	70	3g	10g	5g	
18	2025-02-03	점심	중식	참치샌드위치	1개	250	15g	30g	10g	
19	2025-02-03	저녁	석식	국수	1.그릇	300	10g	50g	5g	
20	2025-02-04	아침	조식	우유	1컵	120	8g	12g	5g	
21	2025-02-04	아침	조식	무화과	5개	100	2g	25g	1g	
22	2025-02-04	점심	중식	고구마구이	1개	150	2g	30g	1g	
23	2025-02-04	점심	중식	닭볶음탕	적당량	350	25g	10g	20g	
24	2025-02-04	저녁	석식	새우볶음밥	1공기	400	15g	60g	10g	
25										

질문

• Excel에서 특정 조건에 따라 행 전체에 조건부 서식을 적용하는 방법을 알려주세요. 예를 들어, B4:J24 범위에서 G열의 값이 300 이상인 경우에 해당하는 행에 서식을 적용하고 싶습니다.

• Copy code : =$G4>=300

2 ChatGPT를 활용하여 날짜[B4:B24]가 짝수일인 경우 서식을 지정하는 조건부 서식을 작성하시오. ('조건부서식2' 시트)

A	B	C	D	E	F	G	H	I	J	K
1	식단관리									
2										
3	날짜	식사시간	식사 내용	음식종류	음식 양	칼로리	단백질	탄수화물	지방	
4	2025-02-01	아침	조식	빵	2개	200	6g	40g	3g	
5	2025-02-01	아침	조식	계란	2개	140	14g	1g	9g	
6	2025-02-01	점심	중식	쌀밥	1공기	200	4g	45g	1g	
7	2025-02-01	점심	중식	닭가슴살	150g	200	30g	0g	5g	
8	2025-02-01	점심	중식	채소	적당량	50	2g	10g	1g	
9	2025-02-01	저녁	석식	연어	200g	350	20g	10g	20g	
10	2025-02-02	아침	조식	빵	2개	200	6g	40g	3g	
11	2025-02-02	아침	조식	계란	2개	140	14g	1g	9g	
12	2025-02-02	점심	중식	쌀밥	1공기	200	4g	45g	1g	
13	2025-02-02	점심	중식	닭가슴살	150g	200	30g	0g	5g	
14	2025-02-02	점심	중식	채소	적당량	50	2g	10g	1g	
15	2025-02-02	저녁	석식	연어	200g	250	20g	0g	18g	
16	2025-02-03	아침	조식	밥	1공기	150	3g	30g	1g	
17	2025-02-03	점심	중식	샐러드	적당량	70	3g	10g	5g	
18	2025-02-03	점심	중식	참치샌드위치	1개	250	15g	30g	10g	
19	2025-02-03	저녁	석식	국수	1.그릇	300	10g	50g	5g	
20	2025-02-04	아침	조식	우유	1컵	120	8g	12g	5g	
21	2025-02-04	아침	조식	무화과	5개	100	2g	25g	1g	
22	2025-02-04	점심	중식	고구마구이	1개	150	2g	30g	1g	
23	2025-02-04	점심	중식	닭볶음탕	적당량	350	25g	10g	20g	
24	2025-02-04	저녁	석식	새우볶음밥	1공기	400	15g	60g	10g	
25										

질문

• Excel에서 B열에 있는 날짜가 짝수인 경우에만 행에 조건부 서식을 적용하는 방법을 알려주세요. B4:J24 범위를 기준으로 색을 다르게 채우고 싶습니다.

• Copy code : =ISEVEN(DAY($B4))

3 ChatGPT를 활용하여 칼로리[G4:G24] 계산식을 작성하시오. ('칼로리 계산' 시트)

	날짜	식사시간	식사 내용	음식종류	음식 양	칼로리	단백질	탄수화율	지방
				식단관리					
4	2025-01-31	아침	조식	빵	2개	211	6g	40g	3g
5	2025-01-31	아침	조식	계란	2개	141	14g	1g	9g
6	2025-01-31	점심	중식	쌀밥	1공기	205	4g	45g	1g
7	2025-01-31	점심	중식	닭가슴살	150g	165	30g	0g	5g
8	2025-01-31	점심	중식	채소	적당량	57	2g	10g	1g
9	2025-01-31	저녁	석식	연어	200g	300	20g	10g	20g
10	2024-02-01	아침	조식	빵	2개	211	6g	40g	3g
11	2024-02-01	아침	조식	계란	2개	141	14g	1g	9g
12	2025-02-01	점심	중식	쌀밥	1공기	205	4g	45g	1g
13	2025-02-01	점심	중식	닭가슴살	150g	165	30g	0g	5g
14	2025-02-01	점심	중식	채소	적당량	57	2g	10g	1g
15	2025-02-01	저녁	석식	연어	200g	242	20g	0g	18g
16	2025-02-03	아침	조식	밥	1공기	141	3g	30g	1g
17	2025-02-03	점심	중식	샐러드	적당량	97	3g	10g	5g
18	2025-02-03	점심	중식	참치샌드위치	1개	270	15g	30g	10g
19	2025-02-03	저녁	석식	국수	1그릇	285	10g	50g	5g
20	2025-02-04	아침	조식	우유	1컵	125	8g	12g	5g
21	2025-02-04	아침	조식	무화과	5개	117	2g	25g	1g
22	2025-02-04	점심	중식	고구마구이	1개	137	2g	30g	1g
23	2025-02-04	점심	중식	닭볶음탕	적당량	320	25g	10g	20g
24	2025-02-04	저녁	석식	새우볶음밥	1공기	390	15g	60g	10g

질문

- Excel에서 단백질이 H4, 탄수화물이 I4, 지방이 J4에 들어 있을 때, 총 칼로리를 계산하는 수식이 무엇인가요?
- Copy code : =H4*4+I4*4+J4*9

4 ChatGPT를 활용하여 날짜[L5]를 입력받아 칼로리[M5] 합계를 작성하시오. ('칼로리 합계' 시트)

	날짜	식사시간	식사 내용	음식종류	음식 양	칼로리	단백질	탄수화율	지방		날짜	칼로리 합계
	식단관리											
4	2025-01-31	아침	조식	빵	2개	211	6g	40g	3g		날짜	칼로리 합계
5	2025-01-31	아침	조식	계란	2개	141	14g	1g	9g		2025-02-01	1021
6	2025-01-31	점심	중식	쌀밥	1공기	205	4g	45g	1g			
7	2025-01-31	점심	중식	닭가슴살	150g	165	30g	0g	5g			
8	2025-01-31	점심	중식	채소	적당량	57	2g	10g	1g			
9	2025-01-31	저녁	석식	연어	200g	300	20g	10g	20g			
10	2025-02-01	아침	조식	빵	2개	211	6g	40g	3g			
11	2025-02-01	아침	조식	계란	2개	141	14g	1g	9g			
12	2025-02-01	점심	중식	쌀밥	1공기	205	4g	45g	1g			
13	2025-02-01	점심	중식	닭가슴살	150g	165	30g	0g	5g			
14	2025-02-01	점심	중식	채소	적당량	57	2g	10g	1g			
15	2025-02-01	저녁	석식	연어	200g	242	20g	0g	18g			
16	2025-02-03	아침	조식	밥	1공기	141	3g	30g	1g			
17	2025-02-03	점심	중식	샐러드	적당량	97	3g	10g	5g			
18	2025-02-03	점심	중식	참치샌드위치	1개	270	15g	30g	10g			
19	2025-02-03	저녁	석식	국수	1그릇	285	10g	50g	5g			
20	2025-02-04	아침	조식	우유	1컵	125	8g	12g	5g			
21	2025-02-04	아침	조식	무화과	5개	117	2g	25g	1g			
22	2025-02-04	점심	중식	고구마구이	1개	137	2g	30g	1g			
23	2025-02-04	점심	중식	닭볶음탕	적당량	320	25g	10g	20g			
24	2025-02-04	저녁	석식	새우볶음밥	1공기	390	15g	60g	10g			

질문

- Excel에서 [B4] 셀에는 날짜, [G4] 셀에 칼로리 데이터가 들어 있습니다. [L5] 셀에 날짜를 입력하면 [M5] 셀에 날짜별 칼로리 합계를 계산하는 수식을 작성하고 싶습니다.
- Copy code : =SUMIFS($G$4:$G$24,$B$4:$B$24,L5)